U0613439

南通天生港电厂里张謇足迹

南通天生港发电有限公司 编著

国家图书馆出版社

图书在版编目（CIP）数据

南通天生港电厂里张謇足迹 / 南通天生港发电有限公司编著 . 一北京：国家图书馆出版社，2023.5

ISBN 978-7-5013-7759-6

Ⅰ. ①南… Ⅱ. ①南… Ⅲ. ①张謇（1853-1926）－生平事迹 Ⅳ. ①K825.38

中国国家版本馆CIP数据核字（2023）第006666号

书　　名　南通天生港电厂里张謇足迹
著　　者　南通天生港发电有限公司　编著
责任编辑　孟颖佼
装帧设计　[logo]文化・邱特聪

出版发行　国家图书馆出版社（北京市西城区文津街 7 号　100034）
（原书目文献出版社　北京图书馆出版社）
010-66114536 63802249 nlcpress@nlc.cn（邮购）
网　　址　http://www.nlcpress.com →投稿中心
印　　装　北京金康利印刷有限公司
版次印次　2023 年 5 月第 1 版　2023 年 5 月第 1 次印刷

开　　本　787×1092　1/16
印　　张　13
书　　号　ISBN 978-7-5013-7759-6
定　　价　380.00 元

《南通天生港电厂里张謇足迹》
编委会

主任

包晓明

委员

陆健生　张　健　周海峰　沈新忠

朱信楼　吕兴华　黄晋苏　朱　江

主编

包晓明　朱　江

成员

张　捷　李翠蓉　顾向东

王晓东　刘晓山

目录

張謇

（1853—1926）

序言

追寻先贤足迹
凝聚奋进力量

历史是最好的教科书，大到国家，小到企业，鉴往知来、攻坚克难，都离不开历史启迪，缺不了信念支撑。编著《南通天生港电厂里张謇足迹》，是我们出版《张謇与天生港电厂》之后的又一项重大文化工程。在天生港电厂（南通天生港发电有限公司，简称“天电”）开启第二个百年新征程之际，这部书的出版，对于坚定历史自信、把握时代大势、走好自身道路，在百年未有之大变局中树立长线思维，推动企业高质量发展，具有十分重要的意义。

一百多年前，张謇先生胸怀实业救国壮志，开拓工农商诸实业，书写了中国近代民族工业发展的传奇。他在天生港兴办大达轮步公司、通燧火柴公司、天生港电厂等一系列与民生休戚相关的企业，并推动天生港自开商埠，设立江海关分关，在给周边的乡民提供就业机会的同时，也极大地繁荣了天生港的经济。大达轮步公司让人们从天生港走向远方，追寻梦想；天生港的开埠对于长江北岸多地的社会经济起到促进作用；通燧火柴公司的创建与发展是近代民族工业兴衰的缩影；天生港电厂通过电力代替蒸汽，开启地方工业新篇章。然而时过境迁，由于外部因素影响或者自身经营等方面的原因，有些企业已悄然退出历史舞台。1936 年，江海关分关被撤销。20 世纪 90 年代，通燧火柴公司停产，原厂房土地于 2002 年被天生港电厂整体收购，用于

33万机组工程建设。20世纪50年代，天生港大达轮步公司被南通市政府接管，2003年被天生港电厂整体收购，用于煤炭接卸。如今的天生港电厂，成为张謇先生在天生港众多创业成果中仅存的硕果，历经百年依然生机勃勃，保持着顽强的生命力。

习近平总书记指出："一个民族、一个国家，必须知道自己是谁，是从哪里来的，要到哪里去，想明白了、想对了，就要坚定不移朝着目标前进。"在天生港这片创业热土上，张謇的企业家精神源远流长，张謇先生"天之生人也，与草木无异，若遗留一二有用事业，即与草木同生，不与草木同腐"的报国情怀，"一个人办一县事，要有一省的眼光；办一省事，要有一国之眼光；办一国事，要有世界的眼光"的战略格局，激励着天电员工始终与国家共命运、与时代共进步。从创办初期的筚路蓝缕，到中华人民共和国成立后的涅槃重生；从建设年代的创造奇迹，到改革开放的屡创佳绩；从单一的能源供应，到向"三商"（综合能源供应商、服务商、投资商）转型，一代又一代天电人在历经磨难中茁壮成长，在开拓创新中成就辉煌。天生港电厂之所以能历经百年沧桑，依然风华正茂，是因为电厂始终传承着一种精神，这种精神就是"困难面前的勇毅担当，变革面前的远见卓识"，这跟张謇的企业家精神一脉相承。从电厂成立初期的"遵章守纪、开拓前进"，到开疆辟土时的"艰苦奋斗、敢打硬仗"，再到改革开放时的"率先争先、求真求新"，百年天电历久弥新，从一个成功迈向另一个成功，与张謇先生"敢为人先、创新务实"的创业理念在天电企业文化中的长期积淀融合是密不可分的。

当今中国能源革命已拉开序幕，机遇与挑战并存，荣耀与艰辛同在。先贤的家国情怀、深厚的历史底蕴、优良的文化传承，是历史赐予我们的宝贵财富，也是开拓未来的丰富资源和不竭动力。我们要坚定文化自信，弘扬优良传统，推动张謇企业家精神与天生港电厂企业文化融合发展；要萃取历史精华，推动理论创新，赋予艰苦奋斗、敢打硬仗等老传统新的时代内涵；要坚定理想信念，凝聚精神力量，讲好天电故事，打造天电品牌，为天电梦贡献我们这一代人的智慧和力量，创造属于我们这一代人的业绩和荣光。

研究历史能经世致用、预见未来。我相信，通过追溯张謇在天生港创业的足迹，进一步探索研究张謇“敢为人先、开拓进取”的企业家精神，必将有力促进天生港电厂在第二个百年新征程上行稳致远，更能为未来的转型升级和高质量发展带来许多重要启迪。《南通天生港电厂里张謇足迹》一书，重现一代先贤张謇先生的创业历程，重温其创时代之先河的勇气和远见。鉴往知来，本书所展示的张謇在天生港所创办企业的发展过程及其兴衰得失，对做好今后工作大有裨益，也可为希望了解张謇在天生港的创业历史的读者提供可信的史料。

“不忘本来才能开辟未来，善于继承才能更好创新。”我们接过历史的交接棒，理应不忘初心、接续奋斗，负起使命、砥砺前行，把悠久的历史和先贤的精神挖掘好、传承好、发扬好，让我们的百年天生港电厂传承绵延不绝、发展生生不息。

包晓明

2023年5月8日

（作者系南通天生港发电有限公司党委书记、董事长）

天生港是在大生纱厂连年盈利的基础上发展起来的，大生纱厂最初选址唐家闸，是因为交通上可以依托内河，而天生港则是内河与长江的连接点。

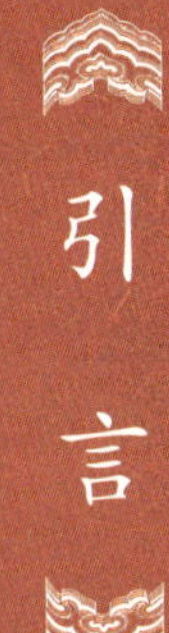

天地之大德曰生

张謇（1853—1926），出生于江苏海门，清末状元、实业家、教育家，中国早期现代化的前驱。

1894年，41岁的张謇高中状元。张謇从小熟读四书五经，是在中国传统文化熏陶下成长起来的，这对他的人生价值取向起到了决定作用。张謇注重义利合一、兼具天下。1895年，两江总督张之洞委派丁忧在家的张謇筹办纱厂。张謇为所创办的纱厂取名“大生”,“大生”二字来源于《易经》中的“天地之大德曰生”。对大生纱厂集资之难，张謇日后有“坐困围城，矢尽援绝”的感慨，但即使“进无寸援，退且万碎”，张謇还是以坚韧不拔的意志，引进现代工业，进而彻底改变了南通的面貌。

南通[①]滨江临海，为冲积平原，土壤和气候条件适宜种植棉花。1896年2月11日，张之洞《通海设立纱丝厂请免税厘片》中提到，“通州、海门为产棉最盛之区，西人考究植物，推为中国之冠。各处纱厂无不资之，涎视已非一日”。通海地区的棉花，至少在清乾隆年间就已远销福建和广东地区。本地纺织的土布，则为山东和东北地区所欢迎。

南通手工织布原本使用土纱，随着机纱逐渐被乡民接受用来织布，加上本地的棉花外销，产业链的中间环节断裂，导致大量利润外流。就地设立纱厂，既靠近原材料产地，产品棉纱又能就近销售。稳定的市场需求，加上便利的运输条件，使得大生纱厂占尽地利。1899年5月23日大生纱厂正式开车，之后连年盈利。

作为中国早期民营纺织企业之一，大生纱厂的成功，使张謇有余力也有号召力渐次在南通布局相关企业，逐渐形成了以棉纺织业为核心，盐垦、交通等为配套的工业体系，进而带动南通的经济和社会发展，南通成为近代中国民族工业的发祥地之一，为中国的早期现代化作出了独特的贡献。

张謇倡导并资助教育事业，使南通形成了包括基础教育、高等教育、师范教育、职业教育、特殊教育的完整的现代教育体系，同时兴办了慈善和公益事业。南通是中国早期现代化的产物，它不同于租界、商埠或在列强占领下发展起来的城市，而是第一个中国人基于中国传统理念，比较自觉地、有

① 南通古称通州，1912年5月改称南通，本书所收档案及介绍文字中有时按旧称。

一定创造性地，通过较为全面的规划、建设和经营而形成的城市。

张謇所处时代的南通城市规划和建设，后人总结为“一城三镇”。在老城区之外的南边和西南布局教育、文化和商业产业，唐家闸地区作为工业区，五山一带为风景区，天生港则由于独特的地理优势而成为南通的交通枢纽。张謇在大生纱厂开车之际，力主天生港自开商埠，致力于建设天生港大达轮步，天生港逐渐成为南通及周边区域的物流中心。随着天生港的日渐繁盛，张謇先后设立通燧火柴公司和天生港电厂。天生港电厂的建设延续多年，一直到张謇去世之后的1934年正式投产发电，至今仍然是南通工业板块的重要组成部分。

张謇（1853—1926），出生于江苏海门常乐镇，清末状元、实业家、教育家，被誉为爱国企业家的典范、民族企业家的楷模、民营企业家的先贤。

大生纱厂是张謇投身实业的开端，也是张謇日后兴办教育和社会公益事业的基础。1895 年，两江总督张之洞委派丁忧在家的张謇筹办纱厂。张謇为所创办的纱厂取名“大生”，“大生”二字来源于《易经》中的“天地之大德曰生”。图为大生纱厂厂门。[①]

① 书中所收录部分照片的具体时间不可考，但都与文中所述内容的时代相对应。

1896年，张謇选择位于南通城西北方向、有水路与天生港相连、通扬运河西岸的唐家闸陶朱坝作为大生纱厂建厂厂址。张謇采用股份制形式招商集股。1899年5月23日，大生纱厂正式开车。图为大生码头。

職等竊維通海土產棉花鄉人以紡織爲生計近來外洋紡織機器盛行洋紗洋布銷售日廣本紗土布去路滯減鄉人窮極思變購用洋紗參織大小布疋線帶以致洋紗倒灌內地日甚一日查計現在通海兩境每日可銷洋紗二十大包已合機器一萬錠之數若寖增不已不出十年必盡變爲洋紗之布民間膏血耗奪無形不塞涓涓將有流爲江河之勢今蒙 諭旨飭辦官紳勸導所以爲民生計者至周職等復公同展轉議勸擬在通州城西唐家閘地方水口近便之處建立機廠擬名大生先辦紗機二萬錠以本地所出之花用本地習紡之工即以紡成之紗銷行本地及鄰近州縣運脚省則商本輕輕則集貲易成購買近則鄉人便便則漏巵可塞俟二萬錠辦有成效再行擴充至蠶桑之利自通海兩境先後請免絲繭捐十年招設

十二月初八日商董潘華茂郭勳樊棻沈燮均劉桂馨陳維鏞
遵辦通海紗絲廠稟
竊職等承通州前翰林院修撰張集諭承准南洋大臣張照會
開欽奉　諭旨飭令招商多設織布織綢等局以收利權查
通州爲産棉最盛之區近年繭絲亦漸暢旺亟應推廣紗布繭
絲各項商務惟必有公正紳士協同地方官員董率其間方能
奏效應請總理通海一帶商務妥議章程由該商等稟由地方
官核定舉辦並邀集紳富剴切勸導厚集股本早觀厥成等因

1896 年 1 月 26 日[①]，潘华茂、郭勋、樊棻、沈燮均、刘桂馨、陈维镛 6 位筹办大生纱厂的董事，联名向两江总督张之洞上奏《遵办通海纱丝厂禀》。《遵办通海纱丝厂禀》除提及创办企业的由来、在唐家闸建厂的设想、集股的办法外，还附有通海纱丝厂的章程，共 7 条。禀文提到：“拟在通州城西唐家闸地方水口近便之处，建立机厂，拟名大生。”图为《遵办通海纱丝厂禀》（部分），原件藏于南通市档案馆。[②]

① 书中档案的文字说明部分出现的时间皆已转换成与原文对应的公历时间，为了便于读者对照和理解资料原文，个别地方注明了农历时间。

② 书中对选自中国第一历史档案馆、台北“中研院”近代史研究所档案馆、南通市档案馆的档案，已注明馆藏地，其他未注明者多收藏于南通天生港发电有限公司。

光緒三十三年八月初一日崇明大生分廠第一次股東會
總理張季直先生開會報告
今日爲崇明大生分廠第一次股東會辱股東諸君跋涉舟車遠臨惠教下走承乏
經理不勝感幸自維下走經理通州正廠十二年乃得於前月二十三日依據商部
公司律開第一次正式股東會而分廠甫於今年三月初五日開車不及五閱月即
能繼通廠而開會下走於此有無限感情分廠所在爲崇明外沙與通海毗連僻左
一隅風氣閭僿殆尤甚於通州眞所謂海角也使無通州之正廠安有此間之分廠
正廠初辦下走無狀不能得世界之信用艱難困苦歷四十四月而開車竭蹶支離
又一年而彊勉自立分廠荷股東諸君之贊助自甲辰十月始至今春三月開車中
間僅歷二十九月論地位之形勝棉產女工之便利分廠不及正廠論規模之宏整
建築之完備分廠遠在正廠之上夫地位之形勝棉產女工之便利此得於天然者
以人力乘天則事半而功必倍規模之宏整建築之完備則人爲也全恃人者功與
事恆相等求功而事勞然而正廠之成如彼其艱分廠之成如是其捷豈非事理之
眞際難窺而人情俛仰之衡之可畏哉何以明兩廠之地位正廠內河外江開門即
是交通靈活分廠距內河外江在三四十里外棉產則近唐閘數十里種皆墨核崇
地新沙種雜洋花核大而絲短女工則通州西北鄉婦女皆天足上工能遠行做工
能久立崇地反是至於地價則正廠每畝七十餘圓分廠每畝五十圓然正廠不須
墊土分廠開河墊土高至二尺一切磚瓦木石物料分廠貴於正廠或二三成或五
六成不等另列比較表試覽自明然則設分廠何故設分廠於此地何故自大生紗
廠名譽發見於商業世界於是謀分利者日多有一前欲租通廠而不得之人圖設
廠於距此七八里之北新鎮又欲設於海門下走以爲上海紗廠之病正坐擁擠通
州與海門海門與崇明皆密邇若廳客所爲而樹一敵不若乘時自立而增一輔請
於商部另行集股建設分廠以示爲通廠所自出仍以正廠股東餘利撥分四分之
一爲股本資財共則利害之共乃眞其所以必於崇明之北沙者北沙棉產五倍於

1907 年 9 月 8 日，张謇在大生分厂第一次股东会上，分析大生纱厂与大生分厂各自所处地理位置时，指出：“正厂，内河、外江开门即是，交通灵活。分厂距内河、外江在三四十里外。”正厂即大生纱厂。图为《崇明大生分厂第一次股东会议事录并账略》（部分），原件藏于南通市档案馆。

通州大生紗廠告白

光緒二十一年冬署南洋大臣張奏以在籍紳士張季直殿撰經理通海一帶商務議就通州興設紗廠始聽商辦集股不就更議用南洋商務局所購四萬餘錠之機器中間復因人事牽延展轉移遲至本年七月乃與盛杏蓀太常定議與商務局所訂合同各分機器之半而於上海之浦東另設一廠太常主之其機器之歸通州者作為官本二十五萬兩集商股二十五萬兩共計官商成本五十萬兩集已如數招足節略登報以供衆覽 一廠在通州西門外與內河外江兩便之唐家閘地方名曰大生 一官商股本五十萬兩分作五千股每股計規銀一百兩皆以銀到之日按年八厘計息凡從前已入股領有收據而未領股票息摺者請至上海新北門外天主堂街本賬房換給 一商務局機器作為本廠股本二十五萬兩逐年備利按股均分如有虧折亦按股攤認利害相共永遠合辦立有官商合同咨總理衙門存案 一廠中用人理財全歸張殿撰選舉商董經理商務局不更干預 一機器由南洋派威靖兵輪船裝送通州業於十月十八日開運 一本廠行棧夏初竣工廠工今歸木作曹殷章包造取有承攬保單即日開工趕辦 一未開機以前紳不取公費董不取薪水 一本廠議於正股二十五萬外由張殿撰太常各招新股十五萬兩諸君願入股者請赴本賬房交銀領取股票息摺由總由張票內簽明以登報之日始四個月為限逾限不收限內股滿不收 一本廠有詳細章程爲及議辦本末欲閱者可至本賬房面取

官机是大生纱厂最早的纺纱机器，通过兵轮经长江运到天生港，再由小轮驳运到唐家闸。

图为 1897 年 12 月 1 日《申报》第 5 版刊登的《通州大生纱厂告白》，其中提到：“机器由南洋派威靖兵轮船装送通州，业于十月十八日开运。”上海始终是大生纱厂机器和物料的主要来源地，天生港则承担了输入物品的本地运输枢纽任务。从 1897 年年底承接官机开始，天生港对于大生纱厂乃至南通经济的作用日益凸显。

外人不得干預而商務所在仍應保護有事不
得加兵尤為受益無形近來江蘇吳淞湖南岳
州廣西南甯皆援此例自開商埠先發制人著
有明效若以通州之天生港援照吳淞岳州南
甯成案先自開通商埠不准劃作租界以絕西
人覬覦之心顯之則保自有之利權隱之實固
長江之要害於商務防務兩有裨益臣愚昧之
見是否有當仰懇

飭下南洋大臣會同總理各國事務衙門大臣詳細
核議辦理緣由理合恭摺具陳伏乞

皇太后

皇上聖鑒訓示謹

奏

光緒二十五年正月 二十二 日

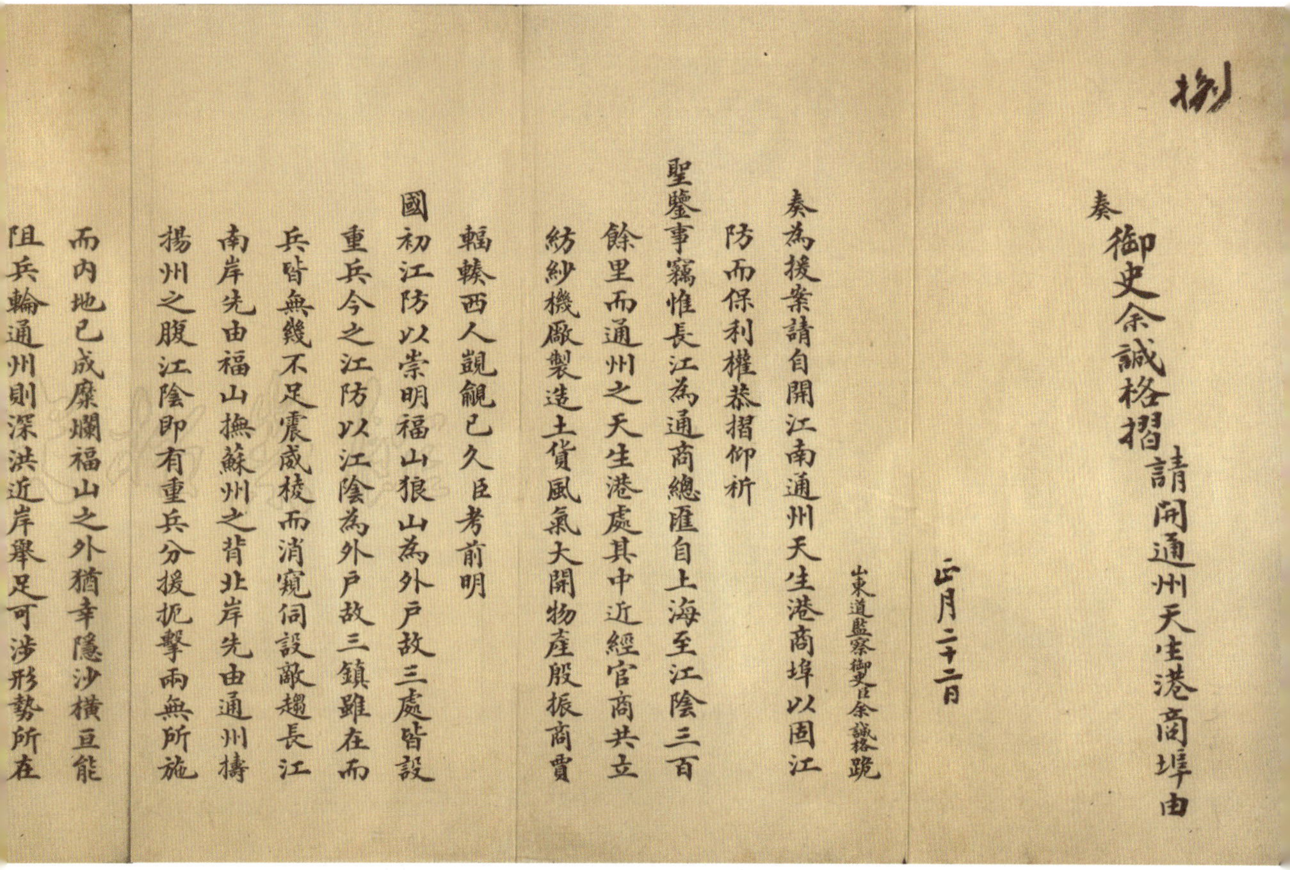

大生纱厂筹备时期，张謇积极推动天生港自开商埠。1899 年 3 月 3 日，山东道监察御史余诚格上奏，主张自开天生港为商埠，以固江防而保利权。1906 年，清政府批准天生港暂作可以起下货物之不通商口岸。图为中国第一历史档案馆所藏的余诚格奏折《请开通州天生港商埠由》（抄件），原件藏于中国第一历史档案馆。

1904年，张謇在天生港建设轮步，作为天生港开埠的基础设施。1905年，在轮步基础上发起设立天生港大达轮步公司。图为天生港轮步。

张謇创办的实业，往往与百姓日常生活密切相关。1920年，张謇在《天生港设立通燧火柴公司请准予备案文》中提到：“窃以振兴实业，不遗日用之微，实行惠工，乃有优先之例。”先后在唐家闸（唐闸）设立纺织、面粉、榨油等企业后，张謇又在天生港创办通燧火柴公司。图为南通唐家闸各实业工厂全景。

▲天生港馬路工程處不日開工

天生港至唐閘一帶建造馬路 路線業由宗君渭川等擬定大概 兹張退公 於三月二十六日來港親臨細閱聞是日隨行至閘之同人等爲 宗君渭川黄君閣臣鄧君伯藩程君景雲郭君申全傅君雲卿陶君滙川蔡君渭泉 所有指定方針聞比 原定章程無多差異 惟上新港港東之港岸有向外突處均令將該泥挖去卽將該泥爲 補助馬路之用 餘如宿字 大圩後之路線稍有變更 至唐閘孫家墳對面一帶居民住宅數十間均須卽日領價搬讓斯唐閘至港馬路卽自該處爲始已飭工人於四月一號開工矣

▲天生港電燈開火有期

天生港自開輪埠以來商務日見發達惟未設電燈而客商起卸貨物殊多未便通燧火柴公司有見及此以廠內所用電機倘有餘力可以兼顧兹爲商務發達起見代各處裝設電燈不日可以開火矣

随着大达轮步和通燧火柴公司的建成，以及自开商埠的推进，天生港逐渐成为南通的交通枢纽，经济的繁荣也促进了天生港公用设施的改善。左图为 1919 年 3 月 31 日《通海新报》刊登的《天生港马路工程处不日开工》，报道天生港至唐家闸之间的马路即将修筑。右图为 1920 年 4 月 16 日《通海新报》刊登的《天生港电灯开火有期》，报道通燧火柴公司利用自身余力为天生港客商提供电力用于照明。

天生港氣象一新

天生港西市自舊中新港橋以西凡各大小行業店鋪從前結茅爲屋門面既屬簡陋又欠整齊茲該港各實業公司廣厦林立遠近凡遨遊客子暨外來參觀者一經停足殊失觀瞻宗董渭川有鑒於此於去冬特命各該戶將草房一律改爲瓦房就市政上觀之其形式與前眞有天壤之別矣

天生港的市政面貌也在改观。图为 1920 年 8 月 24 日《通海新报》刊登的《天生港气象一新》，提到天生港各实业公司“广厦林立”，吸引不少参观者前来，鉴于新港桥以西商家的店铺“结茅为屋”，既简陋又不整齐，有碍观瞻，在士绅宗渭川的劝导下，各商家把草房改为瓦房，市政面貌大为改观。天生港电厂的建成，不仅有效降低了大生纱厂等企业的动力成本，也提升了南通居民的生活质量。

张謇在大生纱厂开车之际，力主天生港自开商埠，致力于建设天生港大达轮步，天生港逐渐成为南通及周边区域的物流中心。

第一章

『天生港适为枢纽之地』

——天生港大达轮步公司

天生港位于南通城西十余公里的长江北岸，是在大生纱厂连年盈利的基础上发展起来的，大生纱厂最初选址唐家闸，是因为交通上可以依托内河，而天生港则是内河与长江的连接点。由此大生纱厂与天生港之间，经济上是互相依存、互相促进的关系。

大生纱厂最早的纺纱机器是从上海运来的官机，通过兵轮经长江运到天生港，再由小轮驳运到唐家闸。当时南通所有的港口，包括天生港在内都没有码头，无论是乘客上下船，还是货物起卸，都需要小轮在江中驳运，既危险，效率又低。在一些外国人的回忆录中，对初次坐船到南通的情形有着细致的记载，乘客需要在颠簸状态中依靠缆绳从大船落到小船上，这需要一定的勇气。美国人格雷琴·梅·菲特金在《大江》一书中描述了这一新奇而让人后怕的体验：

当你看到云雾缭绕中显得分外秀丽的狼山上的支云塔时，南通近在咫尺了。轮船溯江继续行驶五公里，一只平底船会及时地被推过来接驳，靠上尚未停下的轮船时，平底船猛地抖动一下，下船的旅客纷纷吃力地攀爬到平底船上。固定轮船和平底船的缆绳突然松开了，带着行李的旅客脚下一个踉跄，平底船在水中旋转起来，但很快就被壮实的船员控制住，平底船向岸边驶去。

大件器物和煤炭运输在长江中驳运更加费力。南通经济日渐发达，与外界的物资交流日益增多，由此在天生港设立轮步事宜被提上日程。据张謇日记记载："（光绪）三十年六月，营上海大达外江轮步公司。八月，营天生港轮步。" 1904 年农历六月，张謇与李云书等人在上海筹建大达轮步公司，农历八月开始建设天生港轮步。天生港轮步由"通靖"和"通源"两个趸船码头组成，前者利用"威靖"兵轮进行改装，"长 220 尺，宽 30 尺，吃水 9.6 尺"；后者系一条铁壳鸭尾船，"长 160 尺，宽 25 尺，吃水 8 尺"。江海关副理船厅鹤而生考察后认为"轮船停泊时绝无意外之虑"。

随着天生港趸船和木步告成，1905 年，张謇发起创立天生港大达轮步公司。公司准备募集资本规银 40 万两，除由发起人先行筹集规银 12 万两用于前期开办外，另行招集股本规银28万两。公司花费规银4万两购置“大新”轮船，让其在上海与天生港之间航行。天生港大达轮步的建设，得到清政府的支持，上海道瑞澂和两江总督端方，分别于1907年8月30日、1909年2月4日前来视察。

天生港大达轮步公司的设立，推动了南通运输业的发展，加强了南通与外地，特别是与上海之间的联系，也确立了天生港作为南通交通中心的地位。张謇早在1905年就针对开埠事宜致信两江总督周馥：“天生港由江口至内河道仅十余里，其东至海门，西至靖江、如皋、泰兴、泰州，北至东台、兴化、盐城，凡八州县，一水可通，而天生港适为枢纽之地。”天生港的发展对于长江北岸多地的经济亦有促进作用。

天生港是张謇进出南通的主要港口，在其日记里留下了多次记载。1909年5月28日，张謇在天生港乘船赴上海，当晚写就《夜至天生港》诗：“孤月随人别路明，惊回别梦是江声。千愁万恨凭谁说，化作空烟一片横。”众多社会名流坐船前来南通，一般都是先踏足天生港，然后进南通城。1920年5月10日，荣德生、黄炎培、沈恩孚等人从上海前来参加苏社成立大会，次日在天生港受到南通各界代表和乐队的欢迎。6月5日，美国哲学家杜威抵达天生港，展开他的南通演讲、考察之旅，同样也受到隆重接待。京剧大师梅兰芳曾三度赴南通演出，其中，1920年1月12日乘坐“大和”轮船，1920年5月26日偕姚玉芙、姜妙香、齐如山、王凤卿、王明华等乘坐“大升”轮船，抵达天生港后留下合影。

大达轮步公司设立后，天生港作为南通交通枢纽的地位持续到中华人民共和国成立后。1954年，南通市人民政府接管大达轮步公司，后将之移交长江航运管理局。

1893年12月8日，湖广总督张之洞委托上海德商瑞记洋行、上海德商地亚士洋行承办纺纱机器，在湖北添设南、北两个纱厂。1894年11月3日，张之洞署理两江总督。由于湖北纱厂几无进展，张之洞便寻机在两江地区设厂，于是纱机一路颠簸，由进口地上海，转运至湖北，再至江宁，最后又回到上海，搁置在上海黄浦江边的席棚中。1897年8月11日，张謇与盛宣怀签订《通沪纱厂合办约款》，约定双方各自领取2万余锭官机，各作价[illegible]，分别在唐家闸和浦东开设工[illegible]《通厂分领纱机清单》（部分），原件[illegible]通市档案馆。

2

搖紗機八十部

打包機十部 以上除頭號清花機其餘十項均通滬兩廠照數各分一半

又隨機分領用件

各種寬窄皮帶一萬六千六百九十五尺

棉条筒三千二百三十八隻

粗紗管五萬二千五百六十箇 又管心五萬三千四百九十六箇

通廠分領紗機清單

大引擎飛輪地軸全付 查引擎祇此一付未能兩廠分用議明撥歸通廠由通廠貼款與滬廠另購

大鍋爐四隻 查鍋爐共六隻通廠領四隻滬廠領二隻議由通廠貼款與滬廠添購 凡隨鍋爐所用器件均全

頭號清花機三部 查此機共五部通廠領三部滬廠領二部議由通廠貼款與滬廠添購

二號清花機五部

三號清花機五部 以上清花機每部均隨有做棉捲機件全

鋼絲梳花機五十四部 每部鋼絲布及扁梳等件均全

成棉條機九部 每部輥軸四排連轉動棉筒及防棉條忽斷自行停機等項器件均全

頭號粗紗機七部 每座錠子八十箇輥軸三排連皮絨包輥均全

二號粗紗機九部 每座錠子一百二十二箇輥軸三排連皮絨包輥均全

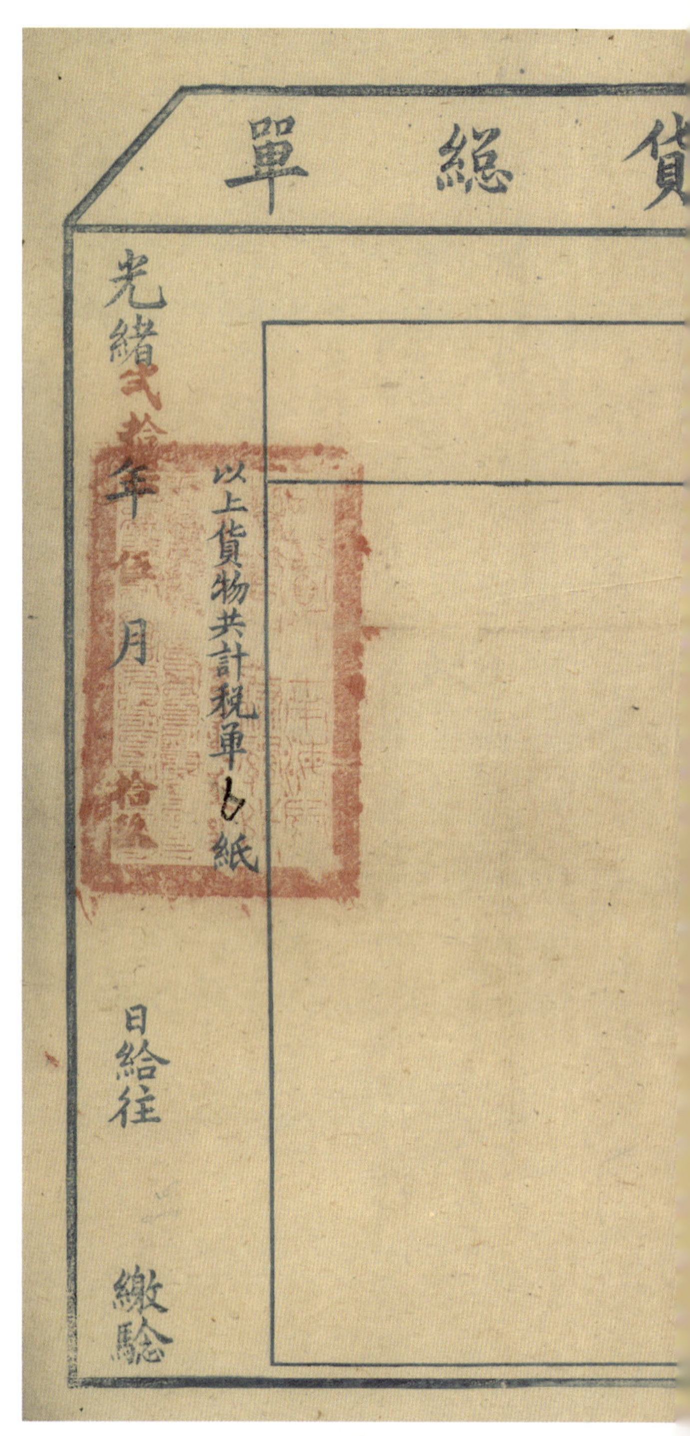
貨總單

光緒貳拾年伍月 日給往

以上貨物共計稅單6紙

繳驗

当时南通所有的港口，包括天生港在内都没有码头，无论是货物起卸，还是乘客上下轮船，都需要小轮在江中驳运，既危险，效率又低。张謇在1908年9月14日提到：“由沪运煤及笨重之件到通天生港上下起卸，风波可虑。”图为1901年7月4日，江海关出具的大生纱厂由上海运送10捆包纱纸到天生港的出口货运单，原件藏于南通市档案馆。

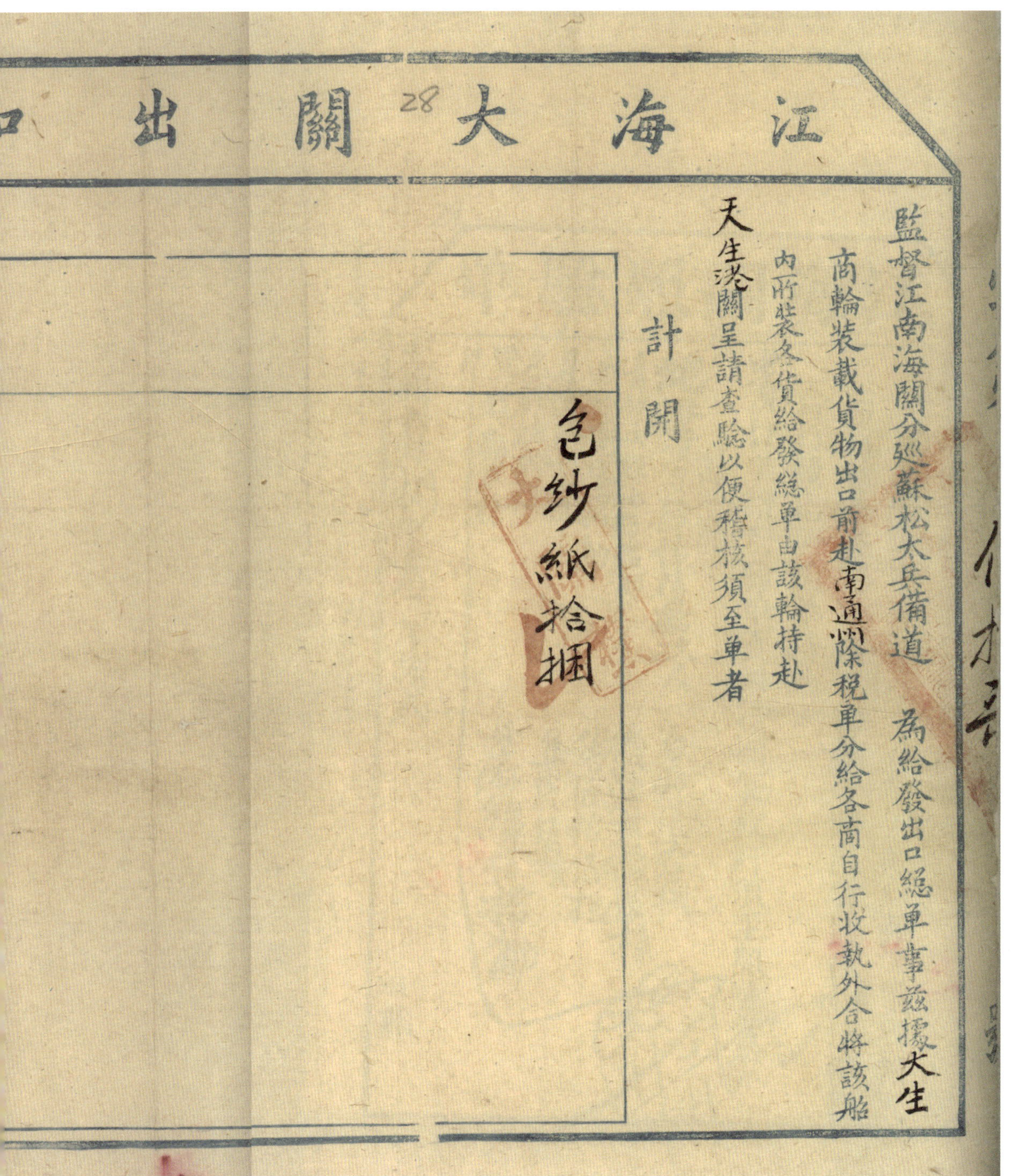

江海大關出口

28

監督江南海關分巡蘇松太兵備道　為給發出口總單事茲據大生

商輪裝載貨物出口前赴南通州除稅單分給各商自行收執外合將該船

內所裝各貨給發總單由該輪持赴

天生港關呈請查驗以便稽核須至單者

計開

色紗紙拾捆

8 THE GREAT RIVER

The first indication that Nantungchow is near at hand is the sight of the pagoda on Langshan Hills, cloud-covered and picturesque. Five miles farther on, the enterprising traveller clambers down into a scow which has been pushed forth into the stream in time to intercept and become lashed to the still-moving steamer. Once aboard with his baggage, he is almost jerked from his feet as the rope is suddenly loosened and the scow goes swirling backward ; but it is quickly controlled by the sturdy oarsmen and headed toward shore.

Landing on a rock-built jetty, the visitor to Nantungchow is taken by motor-bus to the city over a new highway built up like a dyke to protect the land from the overflow of the Yangtze. Once in the city, he is whisked about around the lakes and over the graceful, 12-arch bridge which spans them ; is taken to inspect the various schools of many kinds and the institutions for the aged infirm, the blind, and the orphans; is put up at a new and clean Chinese hotel ; and is finally taken to call upon the man whose genius is responsible for it all.

Throughout China there is no other city built as Nantungchow has been, under the personal direction of one man. At every turn is to be seen the embodiment of the ideas of His Excellency Chang Chien. Everything is typical of modern thought and development. Yet, as he stands before you, he seems a perfect representation of the old China of unchanging customs and tradition. Stooped with his 70 years, his hands folded within his long sleeves, he bears himself with that calm dignity which is the birthright of the Chinese

美国人格雷琴·梅·菲特金在《大江》（*The Great River*）一书中，描述了他们在南通登岸时新奇而后怕的感受。该书1922年由字林报馆、别发书庄在上海出版。图为《大江》封面和其中一页内文。

图为天生港轮步。

图为天生港大达轮步码头正面全景。

天生港大达轮步公司的设立，推动了南通运输业的发展，加强了南通与外地，特别是上海之间的联系，使得天生港成为区域内的交通枢纽。图为堆积在天生港大达轮步公司等待外运的棉花。

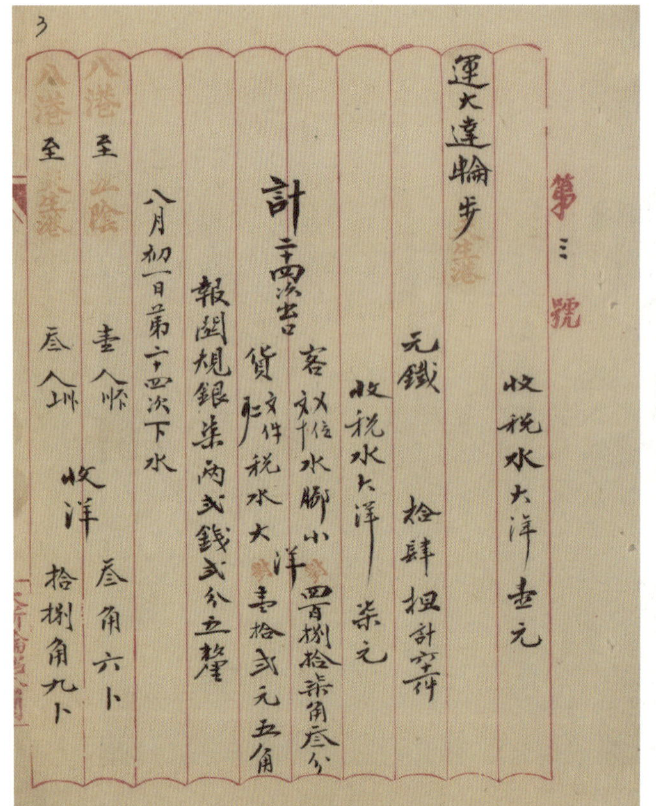

3

第三號

收税水大洋壹元

運大達輪步天生港

元鐵 拾肆担

收税水大洋柒元

客 水腳小洋四百捌拾柒角叁分

貨 文件 税水大洋壹拾弍元五角

計 二十四次出口

報關規銀柒兩弍錢弍分五釐

八月初一日第二十四次下水

八港至江陰 壹人 收洋 叁角六卜

八港至天生港 叁人 拾捌角九卜

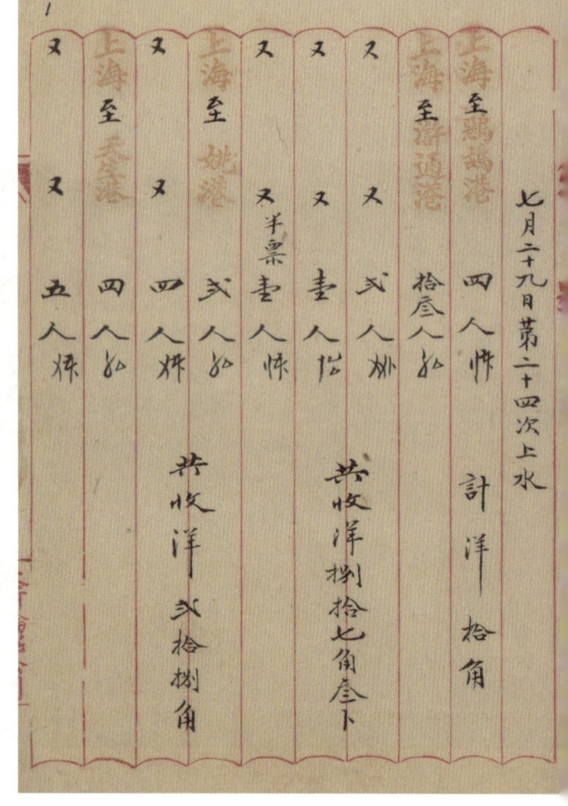

1

七月二十九日第二十四次上水

上海至鷄鳴港 四人 計洋 拾角

上海至南通港 拾叁人

又 又 弍人

又 又 壹人

又 又半票 壹人

共收洋捌拾七角叁卜

上海至姚港 弍人

又 又 四人

共收洋弍拾捌角

上海至天生港 四人

又 又 五人

天生港大达轮步公司花费规银4万两购置“大新”轮船，让其在上海与天生港之间航行。图为往来于上海和南通之间的“大新”轮船1907年的收入（部分），原件藏于南通市档案馆。

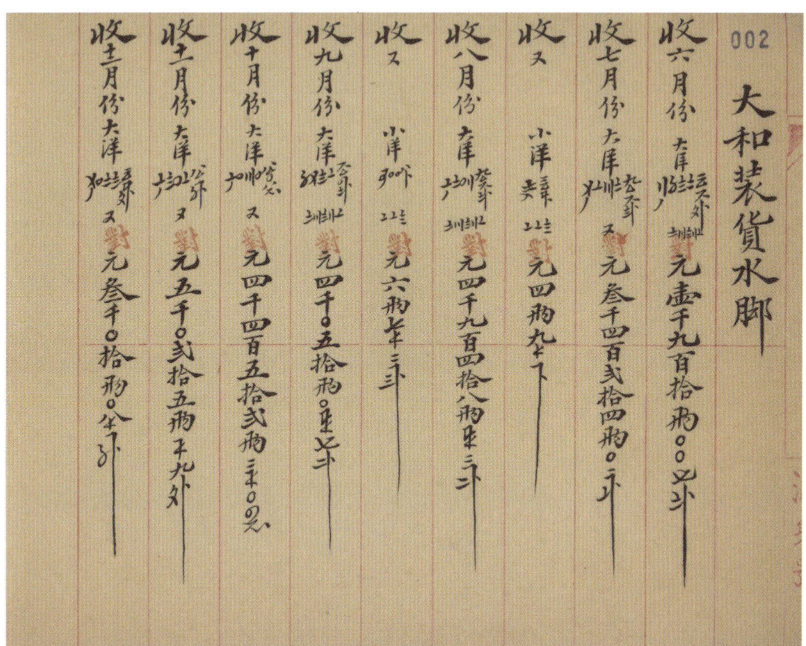

002

大和装貨水脚

收六月份大洋 對元壹千九百拾兩〇〇

收七月份大洋 對元叁千四百贰拾四兩〇

收又小洋 對元四兩九

收八月份大洋 對元四千九百四拾八兩

收又小洋 對元六兩

收九月份大洋 對元四千〇五拾兩〇

收十月份大洋 對元四千四百五拾贰兩

收十一月份大洋 對元五千〇贰拾五兩

收十二月份大洋 對元叁千〇拾兩〇

图为往来于上海和南通之间的“大和”轮船及其 1908 年账略（部分），原件藏于南通市档案馆。

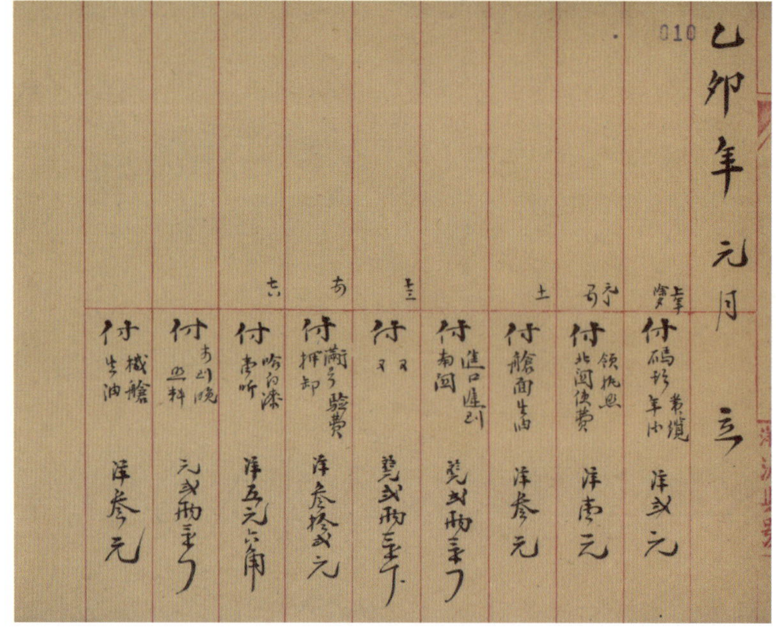

乙卯年元月

图为往来于上海和南通之间的“大升”轮船及其 1915 年账略（部分），原件藏于南通市档案馆。

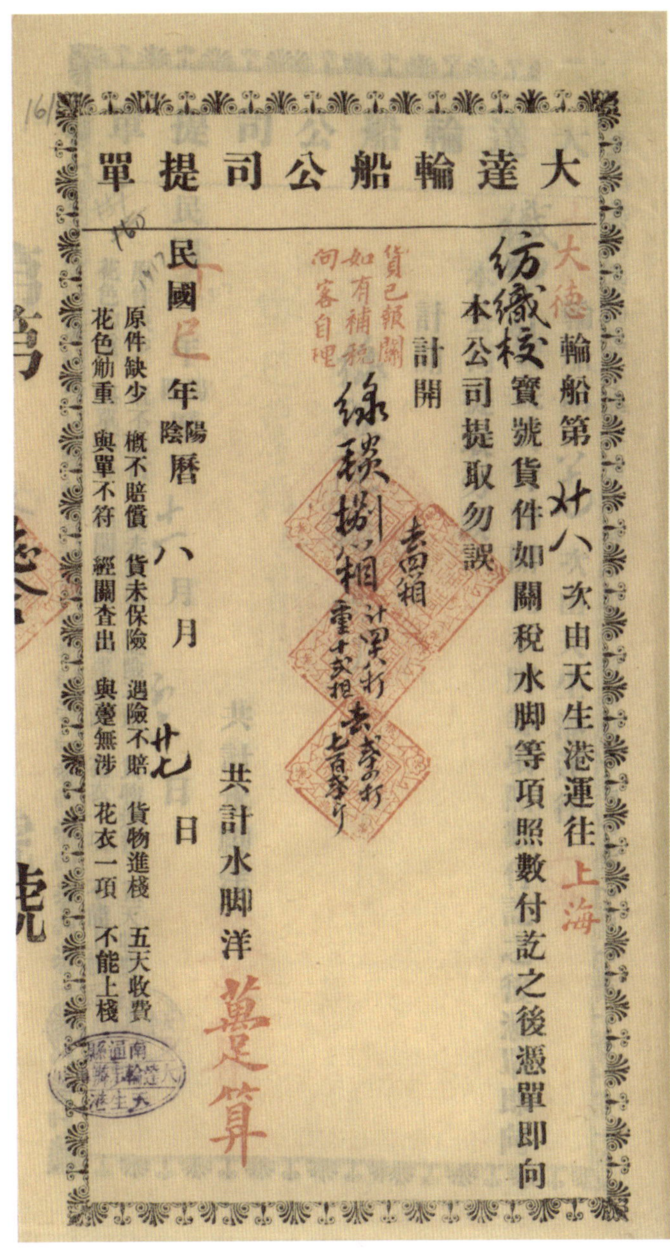

大達輪船公司提單

大德輪船第廿八次由天生港運往上海
紡織校寶號貨件如關稅水脚等項照數付訖之後憑單即向
本公司提取勿誤
計開
綠毯拾捌箱

貨已報關
如有補稅
向客自理

共計水脚洋

民國六年陽曆陰曆八月廿九日

原件缺少 概不賠償 貨未保險 遇險不賠 貨物進棧 五天收費
花色觔重 與單不符 經關查出 與躉無涉 花衣一項 不能上棧

图为 1917 年 10 月 12 日大达轮船公司“大德”轮船由天生港运往上海的货物提单。原件藏于南通市档案馆。

唐家闸与天生港之间的河道曲折浅狭，遇到小汛轮船通行不畅，如遇长期降雨则河水暴涨，无处宣泄，既影响航运，又不利农作。1901 年和 1902 年的暴雨，导致天生港至唐家闸之间的田亩成为一片泽国。1903 年 3 月 11 日，张謇日记记载："定泽生水利公司。"1905 年春天，泽生水利公司将天生港与唐家闸之间的河道拉直挖深，极大便利了天生港与大生纱厂之间的交通运输。图为泽生水利公司。

〇滬道莅通（南通州）上海道瑞莘儒觀察於二十二日午刻乘鈞和輪到通因天生港碼頭將次告竣由大達輪船公司函請勘驗並大生紗廠適於是時開股東會亦請觀察監視

江督察閱天生港碼頭 〇通州函云江督端午帥此次由滬旋甯道過通州原擬調查學務實業各事後因欲在江陰巡視炮臺不能久延僅於十四日在天生港登埠察閱一周即日開輪上駛合城官紳均迎送如禮

左图为1907年9月1日《时报》刊登的《沪道莅通》，报道上海道瑞澂于8月30日乘坐“钧和”轮船到南通，视察天生港码头工程。

右图为1909年2月6日《新闻报》刊登的《江督察阅天生港码头》，提及两江总督端方于2月4日“在天生港登埠察阅一周”。张謇在日记中的记载更详尽一些，他于2月1日赴上海会晤端方，2月3日与端方同乘“海容”轮船前往南通，次日午后抵达天生港。在天生港视察结束后，端方突然提出进南通城参观通州师范学校。端方重新登船离开南通时，已经是2月5日凌晨3点，张謇就在天生港轮步公司过夜，“是夜极寒”。

天生港是张謇进出南通的主要港口，在其日记里留下多次记载。1909 年 5 月 28 日（宣统元年四月初十日），张謇在日记中这样记录：

十日至天生港去沪，十二日行沪嘉开车礼也。十一时寝。有《夜至天生港》诗："孤月随人别路明，惊回别梦是江声。千愁万恨凭谁说，化作空烟一片横。"写寄怡儿并润。

图为天生港轮步。

天生港留下了很多社会名流的身影。张謇认为，要让江苏处于“最完全、最稳固之地位”，必须治本，治本就需要“各人抱村落主义，自治其地方”，需要设立一个专谋地方自治的“连合策进机关”。1920 年，张謇积极推动苏社的成立，得到了江苏人士的响应。5 月 10 日晚上，荣德生、黄炎培、沈恩孚等人在上海乘“大升”轮船赴南通，参加苏社成立大会，第二天抵达天生港，受到南通各界代表和乐队的欢迎。

图为苏社成立大会会员合影，原照上的时间有误，应为“五月十二日”。

京剧大师梅兰芳曾来南通演出。左图为1920年1月12日，梅兰芳乘坐“大和”轮船抵达天生港时与众人的合影。右图为 1920 年 5 月 26 日，梅兰芳偕姚玉芙、姜妙香、齐如山、王凤卿、王明华等乘“大升”轮船抵达天生港后的合影。

1920年6月4日晚上，美国哲学家杜威在上海乘坐“大德”号轮船，赴南通进行讲演和参观。5月31日，张謇之子张孝若给大生驻沪事务所的沈燕谋写了一封信，信中要求沈燕谋把“大德”轮船的大餐间完全包下，供杜威一行①使用，并在大餐间案上铺上洁白的餐布，同时悬挂中美两国国旗，“务求清洁，使人一上大达船，即见南通真精神”。张孝若请沈燕谋亲自上船把欢迎信交到杜威手上，至于6月5日的早餐，则关照船上预备好。张孝若还告知沈燕谋，“大德”轮船在抵达天生港之前，会在任港停留，南通方面有人上船接站。6月5日上午“大德”轮船停靠天生港，南通各界代表及军乐队到码头迎接，张謇派张孝若坐汽车前往欢迎。

图为1920年6月9日的合影，从左至右分别是高诚身夫人白美华、杜威女儿（长女）、张謇夫人、杜威女儿（次女）、杜威夫人、张孝若、杜威、高诚身、张謇、张詧、何尚平、李敏孚。

① 包括杜威夫妇及两个女儿、两位翻译，共6人。据6月9日《民国日报》报道，随行两人为刘伯明和杨英夫，均为南京高师职员。

長江輪船上水日（十一時到）
下水夜（十二時到）

天生港
上水
廿四日 大吉
廿五日 大穌
下水
廿三日 大慶
廿四日 大德

長江輪船（上水日十一時到）
（下水夜十二時到）

天生港
今日下水 大穌
明日上水 大德

蘆涇港
今日下水 德和 武昌 岳陽
明日上水 吳淞 大福

1926年12月25日（左图）、1929年11月23日（右图）《通通日报》刊登的长江航运信息。

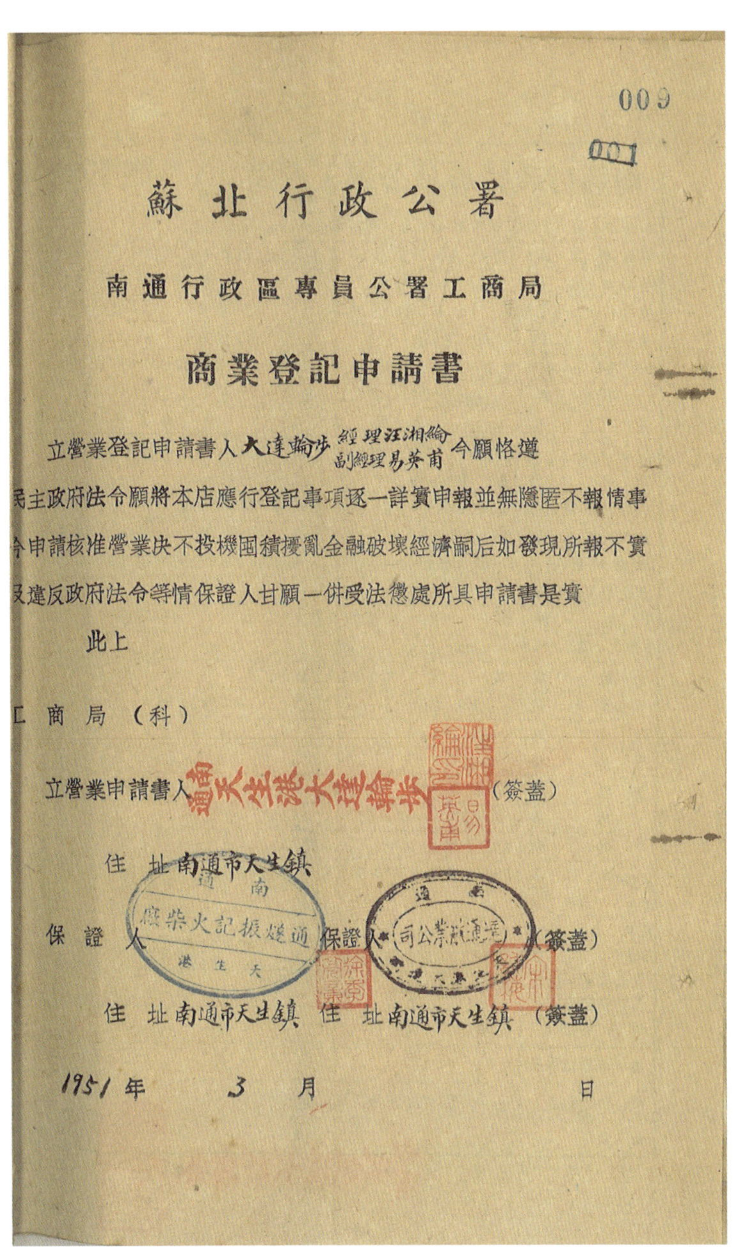
009

001

蘇北行政公署

南通行政區專員公署工商局

商業登記申請書

立營業登記申請書人大達輪步 經理汪湘綸 副經理易莽甫 今願恪遵

民主政府法令願將本店應行登記事項逐一詳實申報並無隱匿不報情事

令申請核准營業決不投機囤積擾亂金融破壞經濟嗣后如發現所報不實

及違反政府法令等情保證人甘願一併受法懲處所具申請書是實

此上

工商局（科）

立營業申請書人南通天生港大達輪步（簽蓋）

住 址 南通市天生鎮

保證人 通燧振記火柴廠 保證人 通達航業公司（簽蓋）

住 址 南通市天生鎮 住 址 南通市天生鎮（簽蓋）

1951 年 3 月 日

1951 年 3 月，天生港大达轮步公司在南通行政区专员公署工商局申请商业登记，由通燧振记火柴厂和达通航业公司作保。图为天生港大达轮步公司提交的申请书。

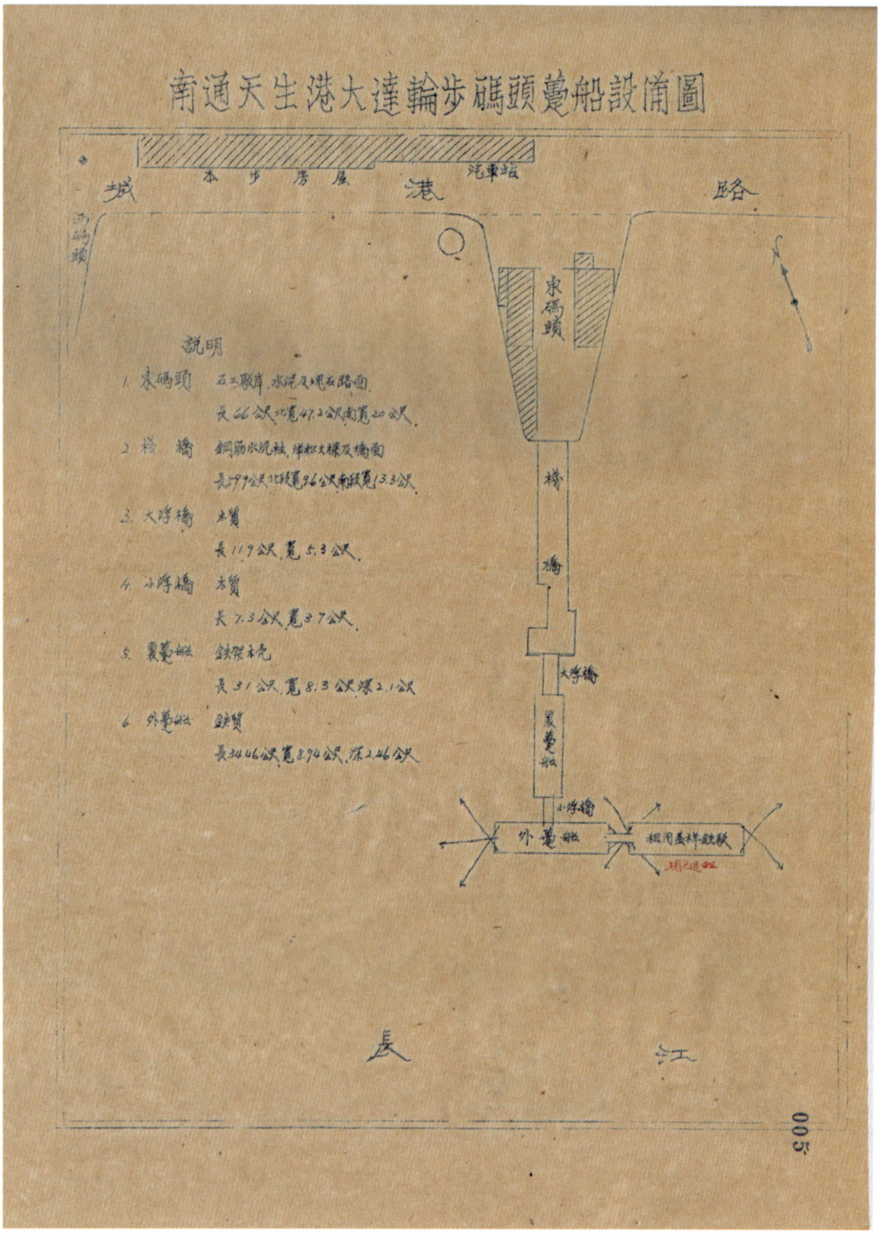
南通天生港大達輪步碼頭躉船設備圖
本步房屋
汽車站
城港路
東碼頭
棧橋
大浮橋
裏躉船
小浮橋
外躉船
說明
1. 東碼頭 石工駁岸、水泥及塊石路面
長66公尺北寬47.2公尺南寬20公尺
2. 棧橋 鋼筋水泥柱、洋松大樑及橋面
長59.9公尺北段寬9.6公尺南段寬13.3公尺
3. 大浮橋 木質
長11.9公尺寬5.3公尺
4. 小浮橋 木質
長7.3公尺寬3.7公尺
5. 裏躉船 鐵架木殼
長31公尺寬8.3公尺深2.1公尺
6. 外躉船 鐵質
長34.46公尺寬8.94公尺深2.46公尺
長江
005

图为1953年天生港大达轮步码头趸船设备图。

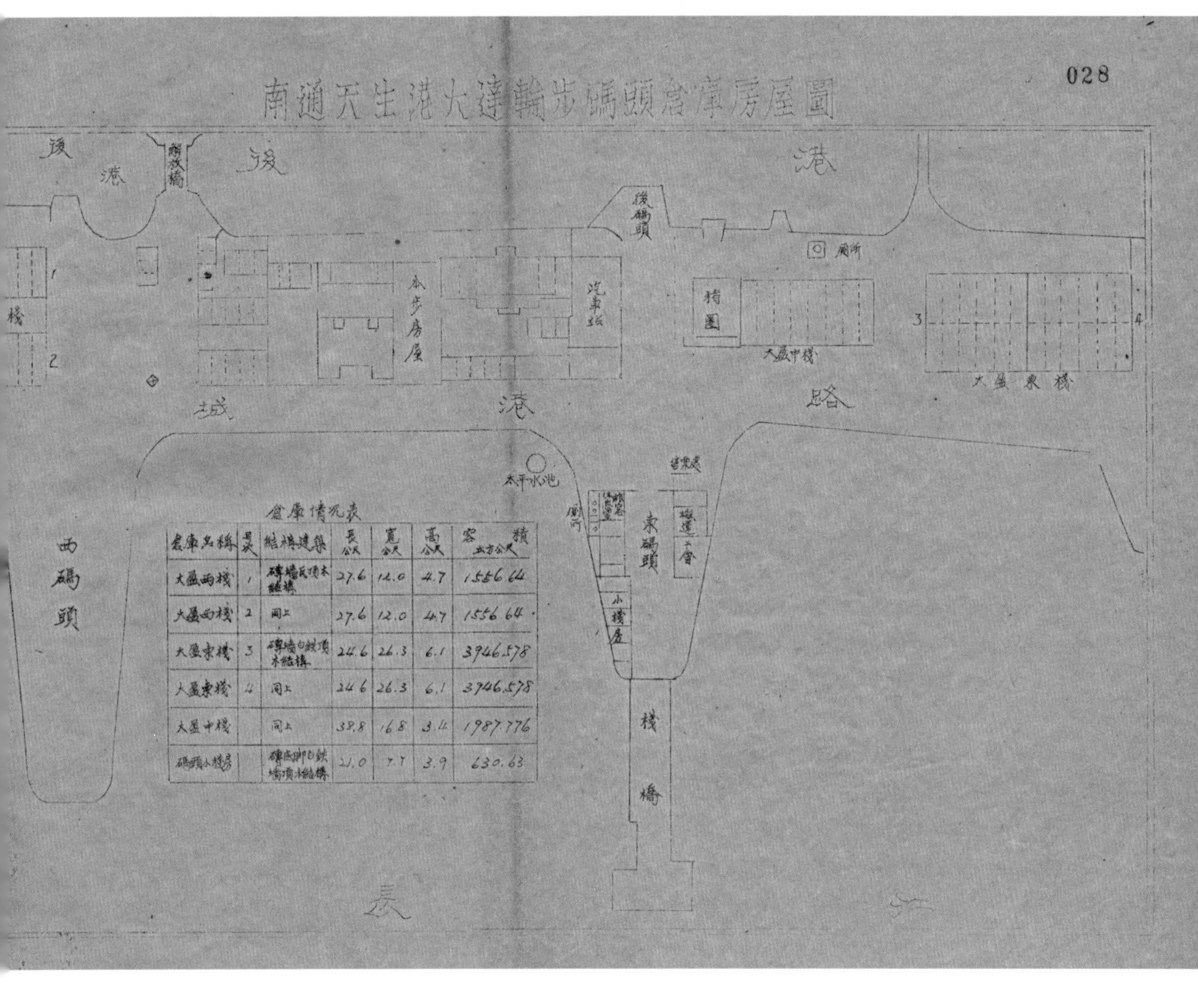

倉庫情況表

倉庫名稱	號次	結構建築	長 公尺	寬 公尺	高 公尺	容積 立方公尺
大盈西棧	1	磚墻瓦頂木結構	27.6	12.0	4.7	1556.64
大盈西棧	2	同上	27.6	12.0	4.7	1556.64
大盈東棧	3	磚墻白鐵頂木結構	24.6	26.3	6.1	3946.578
大盈東棧	4	同上	24.6	26.3	6.1	3946.578
大盈中棧		同上	38.8	16.8	3.4	1987.776
碼頭小棧房		磚底脚白鐵墻頂木結構	21.0	7.7	3.9	630.63

图为 1953 年天生港大达轮步码头仓库房屋图。

张謇认为，他1899年提议天生港自开商埠以来，南通的工厂陆续创设，外江、内河都设立了轮船公司，而且海州已经开埠，『通州同在海滨，向为长江第一重门户』，应该尽快开埠。

第二章

『通州向为长江第一重门户』

——天生港自开商埠

自开商埠是相对于条约商埠（约开通商口岸）而言的，是清末民初中国政府主动开放的通商口岸。据杨天宏考证，清政府于 1898 年奏准吴淞自开商埠，岳州和三都澳都是在 1899 年正式开埠。为方便交通和贸易，张謇在筹办大生纱厂的时候，就策划将天生港开辟为通商口岸。为此，张謇动用了诸多人脉进行争取，于 1899 年通过山东道监察御史余诚格奏请天生港自开商埠。余诚格，字寿平，与张謇同为乙酉年（1885）顺天乡试举人，两人以“同年”相称，张謇日记中有多处关于两人交往的记载。余诚格在《请开通州天生港商埠由》的奏折中，认为“长江为通商总汇，自上海至江阴三百余里，而通州之天生港处其中”，按照“欧洲新例，凡通商埠，所由先自开通者，各国均不得划分租界，其一切权利外人不得干预，而商务所在，例应保护，有事不得加兵，尤为受益无形”，主张援引吴淞、岳州、南宁自开商埠成案，天生港“先自开通商埠，不准划作租界，以绝西人觊觎之心。显之则保自有之利权，隐之实固长江之要害，于商务、防务两有裨益”。清光绪皇帝下旨，要求切实查明情况，谋划之后再上奏。两江总督兼南洋大臣刘坤一认为天生港地理位置重要，自开商埠有益于维护利权，通州商务尚处于起步期，可以待其渐成气候之后，在天生港设立镇江关分卡，用于征税筹款，建设码头。

1905 年 10 月 17 日，张謇就天生港开埠事宜呈文两江总督兼南洋大臣周馥。张謇在文中提到，1899 年提议天生港自开商埠以来，南通的工厂陆续创设，外江、内河都设立了轮船公司，而且海州已经开埠，“通州同在海滨，向为长江第一重门户”，应该尽快开埠。

1906 年，清政府批准天生港暂作可以起下货物之不通商口岸。天生港自开商埠后，对于到底由江海关还是镇江关管辖，曾有不同意见。周馥认为，按照定例，吴淞至圌山属江海关辖境，因此设在天生港的分关应当由江海关督理。之前刘坤一提出的由镇江关设卡，与定例不符，应当更正。对于天生港暂作可以起下货物之不通商口岸，在同年给周馥的函中，张謇表达了稍许失望。

天生港自开商埠的管理办法是参照 1876 年签订的《中英烟台条约》有关长江沿岸大通、安庆等六处口岸货物起卸的规定。《中英烟台条约》规定：“至沿江安徽之大通、安庆，江西之湖口，湖广之武穴、陆溪口、沙市等处均系内地处所，并非通商口岸，按长江统共章程，应不准洋商私自起下货物，今议通融办法，轮船准暂停泊，上下客商货物，皆用民船起卸，仍照内地定章办理。除洋货半税单照章查验免厘，其有报单之土货，只准上船，不准卸卖外，其余应完税厘，由地方官自行一律妥办。外国商民不准在该处居住，开设行栈。”

天生港开埠，除了依托天生港大达轮步公司的趸船和木步外，还需要建设石驳岸、码头马路、关房等基础设施。在官方资金没有到位的情况下，天生港大达轮步公司采取垫资的形式，先行代为建设。不过建设过程也不容易，据 1906 年 10 月 3 日《时报》报道:“天生港商埠兴筑码头，因本年江水过大，港岸时见冲坍，以致至今尚未开工。现在派人往宁波、苏州等处采购木石，已陆续运到。”天生港的关房是由邬松记水木作承揽的。据 1910 年 12 月 31 日《时报》报道，天生港开埠各项工程，南通方面垫款数额为 16 万余两。

1910 年，江海关分关设立，1936 年 1 月 1 日被撤销。1935 年 12 月 11 日，大生第一纺织公司董事长徐静仁呈文国民政府财政部关务署，要求收回裁撤江海关分关的成命。徐静仁认为:“南通为江北各县之要口，土产运销外省，外省进口百货，均以本县天生港为起卸货物之总枢。近年江北垦地大辟，棉产日丰，每年价值数千万之原棉，亦以南通为转汇之中心。”大生第一纺织公司生产的纱布多数销售到川、鄂、皖、赣等省，到江海关分关报验，能够节省开支和时间，十分便捷。如果江海关分关被裁撤，货物需要去镇江或者上海报关转运，这对大生第一纺织公司，乃至整个江北的农、工、商业都是沉重的打击。由此可知，当年张謇为天生港自开商埠所作的努力为南通及周边地区带来了极大的便利。

釁奉

諭旨飭令沿江沿海沿邊籌度推廣口岸以均利益

而保事權仰見

朝廷慎固封圻思患豫防之至意長江一帶久為外

人所垂涎設險分防兵力實嫌單薄天生港形

勢於北岸尤為扼要深洪近岸兵艦可以徑防

設由此北瞰海贛南擾淮揚則腹地皆為震動

若任一國專請租界隱患亦所難防揆時度勢

僅可援案自開商埠或藉無形之牽制以杜任

意之侵虞一俟商務漸興再於此處設立鎮江

關分卡徵稅籌款以辦埠工似不致於地方有

礙除咨商總理衙門酌覈辦理外所有遵

旨籌度天生港自開商埠緣由謹會同江蘇巡撫臣

德壽恭摺覆陳伏乞

皇太后

皇上聖鑒訓示謹

奏

該衙門知道

光緒二十五年五月　廿九　日

奏

頭品頂戴南洋通商大臣兩江總督臣劉坤一跪

奏為遵

旨籌度通州天生港自開商埠情形恭摺仰祈

聖鑒事竊臣承准軍機大臣字寄光緒二十五年正

月二十二日奉

上諭御史余誠格奏通州天生港於江防最為扼要

若援案自開商埠可以保形勝而消窺伺等語著

切實查明於地方情形有無窒礙商務防務是否

確有裨益悉心籌度具奏等因欽此遵經恭錄轉

飭查議覈辦在案茲據江海關道李光久鎮江

關道長恆會稱通州居長江北岸東距上海二

百七十里西距鎮江三百九十里天生港地居

腹裏土產僅棉花一大宗貨物不甚豐盈商賈

又少殷富與吳淞情形不同招徠成市甚屬不

易該港設立紗廠正欲自關利源洋商麕集必

思爭攘其利吳淞開埠經費部撥三十萬兩報

解尚屬寥寥繼開之埠更不知款從何出並慮

開埠以後交涉滋多地方難於防範不獨商務

防務均無裨益等語查天生港本非商賈輻輳

1899 年 7 月 6 日，两江总督兼南洋大臣刘坤一上奏朝廷，他认为，南通位于长江北岸，东距上海 270 里，西距镇江 390 里，虽然已经开办了大生纱厂，但商业尚未繁荣，应等到经济繁盛之后，再设立镇江关的分卡，征税筹款，兴建轮步。图为刘坤一奏折《奏为遵旨筹度通州天生港自开商埠情形事》，原件藏于中国第一历史档案馆。

斯關埠除俟勘明妥議復由滬道另詳外所有擬請遵旨具奏先行開埠緣由

理合咨呈爲此咨呈貴大臣察照施行須至咨呈者（光緒三十一年九月十九日呈）

通州興辦實業章程·大達輪步公司

附張紳謇咨周督文

爲咨呈事案照江南通州天生港自開商埠以雨江防一案光緒二十五年經山東

道監察御史余奏奉　上諭飭由貴前大臣劉會同江蘇巡撫部院德核議設關

征稅籌款辦工各情形合詞復奏旋准總理衙門咨奉　硃批該衙門知道欽此

等因即經貴前大臣劉分別恭錄咨行欽遵辦理當時内地工商實業尚未布置周

密是以未即開辦嗣以通州土產所宜之工廠陸續擴設外江内河小輪亦均駛行

而各廠購運料物由滬達通均於中流起卸風濤之險在在堪虞爰擬自設躉船以

通州興辦實業章程　大達輪步公司　七

爲輪步復於光緒三十年咨呈貴前大臣魏請飭滬道會商稅務司派扦駐通査驗

並准滬道移取通州進出貨物表各在案查天生港由江口至内河道僅十餘里其

東至海門西至靖江如皋泰興泰州北至東臺興化鹽城凡八州縣一水可通而天

生港適爲樞紐之地去冬今春復將内港濬深闢闊港河交界處建設船閘以利運

道是其形勢便利過於海州現在海州已經貴大臣奏請開埠通州同在海濱向爲

長江第一重門戶且開埠一事已奉　俞允在先應請貴大臣即行聲明　前

旨定期奏請開辦設立分關所有從前請派關扦一節似可作爲罷論免多周折查

通州興辦實業章程　大達輪步公司　八

1905年10月17日，张謇致函两江总督兼南洋大臣周馥，认为随着南通经济的发展，天生港开埠事宜水到渠成，并表示开埠所需关步、关房的建筑费用，可以由天生港大达轮步公司先行垫资。图为《张绅謇咨周督文》。

○常鎮通海道札通州知州文（爲天生港開埠設關事）（鎮江）札飭事光緒三十一年十一月初一日奉署商督憲周電開上海袁道台鎮江郭道台通州天生港自開商埠案前行尊處會勘議復想已商同稅司派員往查茲査定例吳淞至圖山皆江海關轄境通州分關應由滬關督理前劉帥奏明由鎮關設卡與例未符自應更正務請查勘明確後卽會同稅司擬議收稅驗票諸　以期中外稱便幷將開辦費用及收稅抵補先由商董墊付各節一併妥議卽請由滬關主稿敘詳請奏盼復等因奉此査通州天生港自開商埠一案前奉憲札以究竟隸滬隸鎮二者孰便飭卽會同査勘議復卽經本道査案分別移行函

周馥接受张謇的观点，认为按照定例，吴淞至圌山属江海关辖境，因此设在天生港的分关应当由江海关督理，之前刘坤一提出的由镇江关设卡，与定例不符，应当更正。图为 1905 年 12 月 18 日《时报》刊登的《常镇通海道札通州知州文（为天生港开埠设关事）》。

○江督照會張殿撰文（爲天生港開埠事）（南通州）
爲照會事竊照通州天生港自開商埠前經札行滬鎮兩關會

○江督致滬鎮二道電（爲天生港開埠事） 上海袁道台鎮江郭道台通州天生港自開商埠案前行尊處會勘議復想已商同稅司派員往査茲査定例吳淞至闔山皆江海關轄境通州分關應由滬關督理前劉帥奏明由鎮關設卡與例未符自應更正務請査勘明確後卽會同稅司擬議收稅驗票諸法以期中外稱便並將開辦費用及收稅抵補先由商董墊付各節一併妥議卽請由滬關主稿叙詳請奏盼復

左图为 1905 年 12 月 28 日《时报》刊登的《江督致沪镇二道电（为天生港开埠事）》。

右图为 1906 年 1 月 9 日《时报》刊登的《江督照会张殿撰文（为天生港开埠事）》。

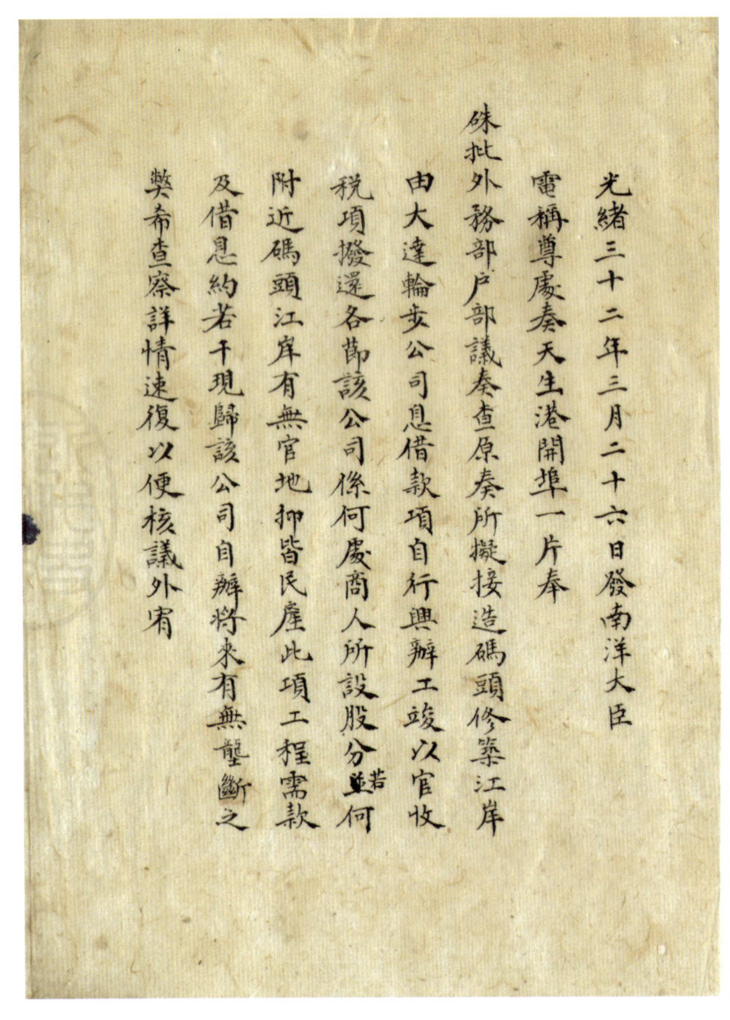
光緒三十二年三月二十六日發南洋大臣
電稱尊處奏天生港開埠一片奉
硃批外務部户部議奏查原奏所擬接造碼頭修築江岸
由大達輪步公司息借款項自行興辦工竣以官收
税項撥還各節該公司係何處商人所設股分若何
附近碼頭江岸有無官地抑皆民產此項工程需款
及借息約若干現歸該公司自辦將來有無壟斷之
弊希查察詳情速復以便核議外宥

1906年4月19日，外务部致电周馥，针对天生港大达轮步公司垫款事宜，要求其上报工程款项和利息数额，以及由公司自办是否会导致垄断经营，天生港大达轮步公司为何人所办、股份构成以及附近码头江岸是否有官地等方面的情况。图为外务部致周馥电《天生港开埠由大达轮船公司开办是否可行将来有无垄断之弊由》（抄件），原件藏于台北“中研院”近代史研究所档案馆。

光緒三十二年四月初八日收南洋大臣周馥電稱
前奉宥電當飭滬道確查兹據電復查大達輪步公
司係通州在籍翰林院修撰張謇等集股附近碼頭
江岸皆係民田及公司買地並無官地建關築埠所
需地畝應照原值核數劃撥歸官認地值至關埠
兩項工程經委員會同勘估約需銀十萬兩借息按
通州地方商市周年八厘此係自保權利暫行自開
不通商口岸因官款支絀由商借墊興辦絕無壟斷
之弊特復馥齊

1906年5月1日，周馥回电报知外务部，天生港大达轮步公司为张謇等人创办，码头附近为民田和公司土地，建关筑埠所需土地，可由官方征购。开埠工程需款银10万两，利率每年8厘。由大达轮步公司垫资，只是因为官府经费匮乏，不会导致垄断。图为周馥致外务部电《天生港开埠由大达轮船公司借用商款开办无垄断之弊由》（抄件），原件藏于台北“中研院”近代史研究所档案馆。

商務可立見繁興該道等現與稅司商酌擬另訂專
章暫作可以起下貨物之不通商口岸惟開辦之初
需款甚鉅官既難籌商墊亦屬不易查通州大達輪
步公司現備有躉船兩號擬令該公司就此地接造碼
頭浮步其江岸應行修築之處並由該公司自行量
力分年興辦所用款項暫歸商人息借俟工竣後即
於該處每年官收進出稅項照數撥還似此分任尚
屬輕而易舉等情會詳前來臣詳加察核所議尚
屬周妥並據晤官紳證以所言亦均稱便除仍飭江
海關道會同稅務司另訂專章詳奪並分咨外務部
戶部查照外所有通州天生港暫借商款自開商埠
應隸江海關轄理緣由謹會同護理江蘇巡撫臣濮
附片具陳伏乞
聖鑒訓示謹
奏

8

光緒三十二年四月初八日收南洋大臣周　文稱
竊照通州天生港暫借商款自開商埠應歸江海關
派員經理一案經本大臣於光緒三十二年三月初
四日會同護理江蘇撫院濮專差附
奏所有片稿相應咨送為此咨呈貴部謹請查照施行
照錄片稿
再通州天生港自開商埠曾於光緒二十五年欽奉
諭旨着切實查明籌度具奏經前督臣劉坤一遵
旨籌度情形奏請開辦聲明俟商務漸興再行設立鎮關
分卡征稅籌款以辦埠工等情奏奉
硃批該衙門知道欽此欽遵在案比年以來因商務未臻
大盛一切設關築步在在需款以致延未舉辦近因
海州自開商埠據通州在籍紳士翰林院修撰張謇
函請將通州一埠一律舉辦當以通州天生港南濱
大江北達內河一水可通進出貨物為類甚繁前既
奏明自開商埠有案自應速籌舉辦推該處係在江
海鈔關轄境前督臣劉坤一奏請歸鎮關設卡與例
未符即經飭據江海鎮江兩關道會商稅務司派員
會同勘明辦理茲據該關道等會同詳稱天生港設
立分關援照定制應由滬設關派員經理並據查明

1906 年 5 月 1 日，外务部收到周馥抄送的关于天生港开埠的奏稿。文中提到 1905 年，通过天生港销售到外地的货物估价洋 278.06 万余元，税厘银 1.178 万余两，唐家闸各厂生产的细纱、棉饼、棉油、面粉等货物数量巨大，如果自开商埠，可以促进当地经济的繁盛。图为周馥致外务部《抄送奏稿由》(抄件)，原件藏于台北“中研院”近代史研究所档案馆。

4

光緒三十二年四月十二日發户部片稱所有會議
兩江總督奏請通州天生港自開商埠一摺本部業
已擬定奏稿其原奏内所擬由大達輪步公司借墊
款項一節本部因慮有流弊先經電查江督去後已
准該督電復前來事關息借商款應由貴部核議出
具會語茲將會稿并抄錄往來電文片送貴部查核
辦理俟議結後將原稿送還并開列堂銜以便定期
會奏可也

1906年5月5日，外务部致户部片，将涉及天生港开埠的商议文稿和往来电文送交户部查核。图为外务部致户部《抄送为天生港开埠事会稿由》（抄件），原件藏于台北“中研院”近代史研究所档案馆。

○商埠定期開工（南通州） 天生港商埠與築碼頭因本年江水過大港岸時見冲圮以至至今尚未開工現在派人往寧波蘇州等處采辦木石已陸續運到一俟本月大潮汛過後即當開工云

天生港开埠，所有码头、江岸、关房等工程，由天生港大达轮步公司垫资建造，约定工程竣工后，通过税收拨还的方式归还所垫资金。图为1906年10月3日《时报》刊登的《商埠定期开工》，对天生港开埠工程进行报道。

12

該處每年官收進出稅項照數撥還[illegible]
輕而易舉等情詳加察核所議尚屬周妥仍飭江海
關道會同稅務司另訂專章詳奪並分咨外務部戶
部查照等語外務部查光緒二十五年前督臣劉坤
一具奏籌度天生港開埠情形一摺據稱天生港本
非商賈輻輳之區雖設有紗廠尚未成市開埠未能
大有裨益惟長江一帶該港形勢尤為扼要一俟商
務漸興再於此處設立分卡等情今該督等奏請另

13

款項自行興辦工竣後於該處官收稅項撥還一節
經外務部以該公司係何處商人所設附近碼頭江
岸有無官地此項工程需款及借息約若干現歸該
公司自辦將來有無壟斷之弊電查兩江總督去後
旋准該督復稱大達輪步公司係通州在籍翰林院
修撰張謇等集股附近碼頭江岸並無官地建閘築
埠所需地畝應照原值劃撥歸官官認地值至閘埠
兩項工程經委員勘估約需銀十萬兩借息按通州
商市周年八厘此係自保權利暫行自開不通商口
岸因官款支絀由商借墊興辦絕無壟斷之弊等語
戶部查
所有臣等議覆通州天生
港自開商埠各緣由理合恭摺具陳伏乞
皇太后
皇上聖鑒訓示再此摺係外務部主稿會同戶部辦理合
併陳明謹
奏

14

光緒三十二年四月十二日本部遞奏摺稿為遵
旨議覆恭摺仰祈
聖鑒事光緒三十二年三月十九日准軍機處抄交署兩
江總督周馥等奏通州天生港自開商埠一片本日
奉
硃批外務部户部議奏欽此欽遵到部查原奏内稱通州
天生港自開商埠曾於光緒二十五年欽奉
諭旨着切實查明籌度具奏經前督臣劉坤一遵
旨籌度情形奏請開辦聲明俟商務漸興再行設立鎮關
分卡征税籌款以辦埠工奏奉
硃批該衙門知道欽此欽遵在案比年以来因商務未臻
大盛一切設關築步在在需款以致延未舉辦近因
海州自開商埠據通州在籍紳士翰林院修撰張謇
函請將通州一埠一律舉辦當以通州天生港前既
奏明自開商埠有案自應速籌舉辦惟該處係在江
海抄關轄境前請歸鎮關設卡與例未符經飭江海
鎮江兩關道會商税務司派員會勘兹據該關道等
會同詳稱天生港設立分關按照定例應由滬設關
派員經理並據查明上年出口分銷各處貨物共估
價洋二百七十八萬六百餘元内地經過分口税厘
共銀一萬一千七百八十餘兩此外来往各貨及該
州唐家閘各廠歲出之貨為數尤鉅若自開口岸商
務可立見繁興該道等現與税司商酌擬另訂專章
暫作可以起下貨物之不通商口岸惟開辦之初需
款甚鉅官既難籌商埶亦属不易查通州大達輪步
公司現備有躉船兩號擬令該公司就此接造碼頭
訂專章暫作可以起下貨物之不通商口岸自係揆
度時宜變通辦理之法查光緒二年中英所訂煙台
條約第三端内載沿江安徽之大通安慶江西之湖
口湖廣之武穴陸溪口沙市等處均係内地處所並
非通商口岸今議通融辦法輪船准暫停泊上下客
商貨物等語是不通商口岸准洋商輪船起下貨物
向来既有此辦法天生港亦係沿江地方事同一律
應即准如所請辦理其所設分關即作為江海鈔關

1906 年 5 月 5 日，清外务部上奏，提出因天生港为长江港口，可以参照《中英烟台条约》规定，作为可以起下货物的不通商口岸，设立江海关分卡，订定专章。此提议得到批准。图为外务部奏折《议复天生港自开商埠各缘由》（抄件），原件藏于台北“中研院”近代史研究所档案馆。

通州天生港招人承攬築造江岸廣告

現擬造石皮江岸約二百丈並水箭兩道如願承攬者可於初四五六等日下午二句鐘至六句鐘在小東門外城河濱大生紗廠滬賬房面議

丙4006

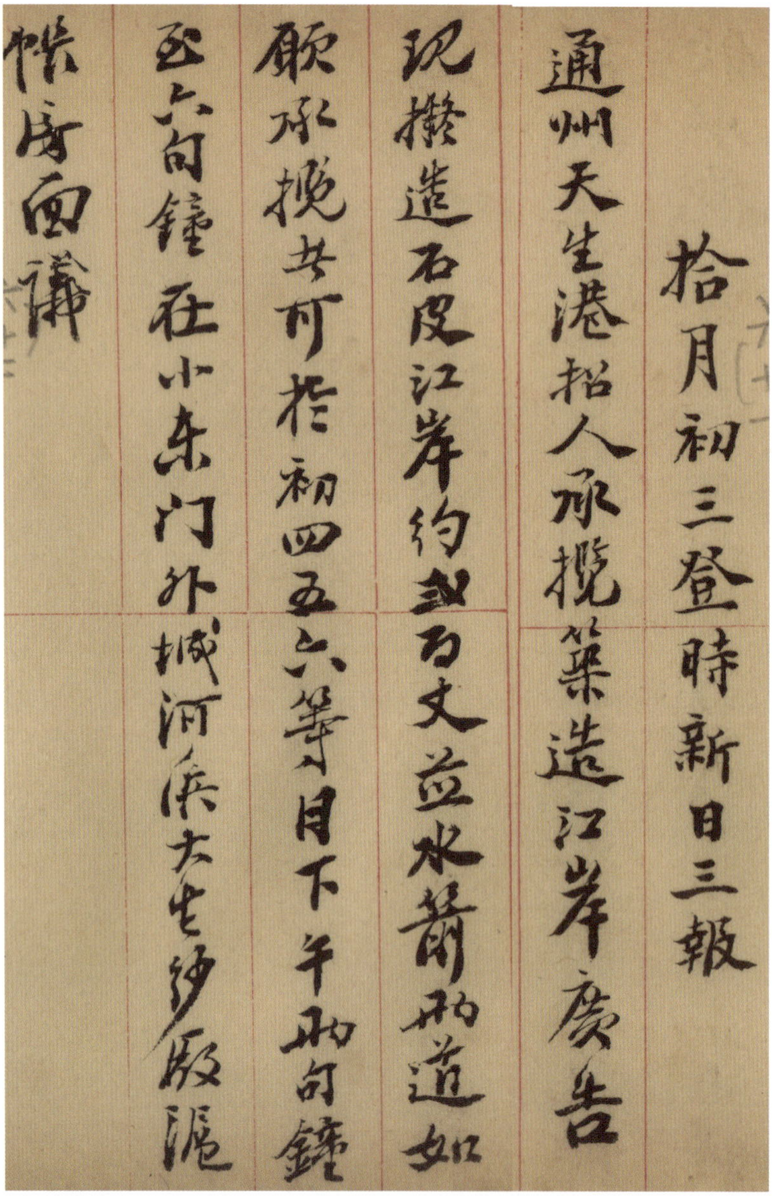

拾月初三登時新日三報

通州天生港招人承攬築造江岸廣告

現擬造石皮江岸約貳百丈並水箭兩道如願承攬者可於初四五六等日下午兩句鐘至六句鐘在小東門外城河濱大生紗廠滬帳房面議

左图为1906年11月21日《新闻报》刊登的《通州天生港招人承揽筑造江岸广告》。

右图为大生驻沪事务所存藏的该广告的留底，原件藏于南通市档案馆。

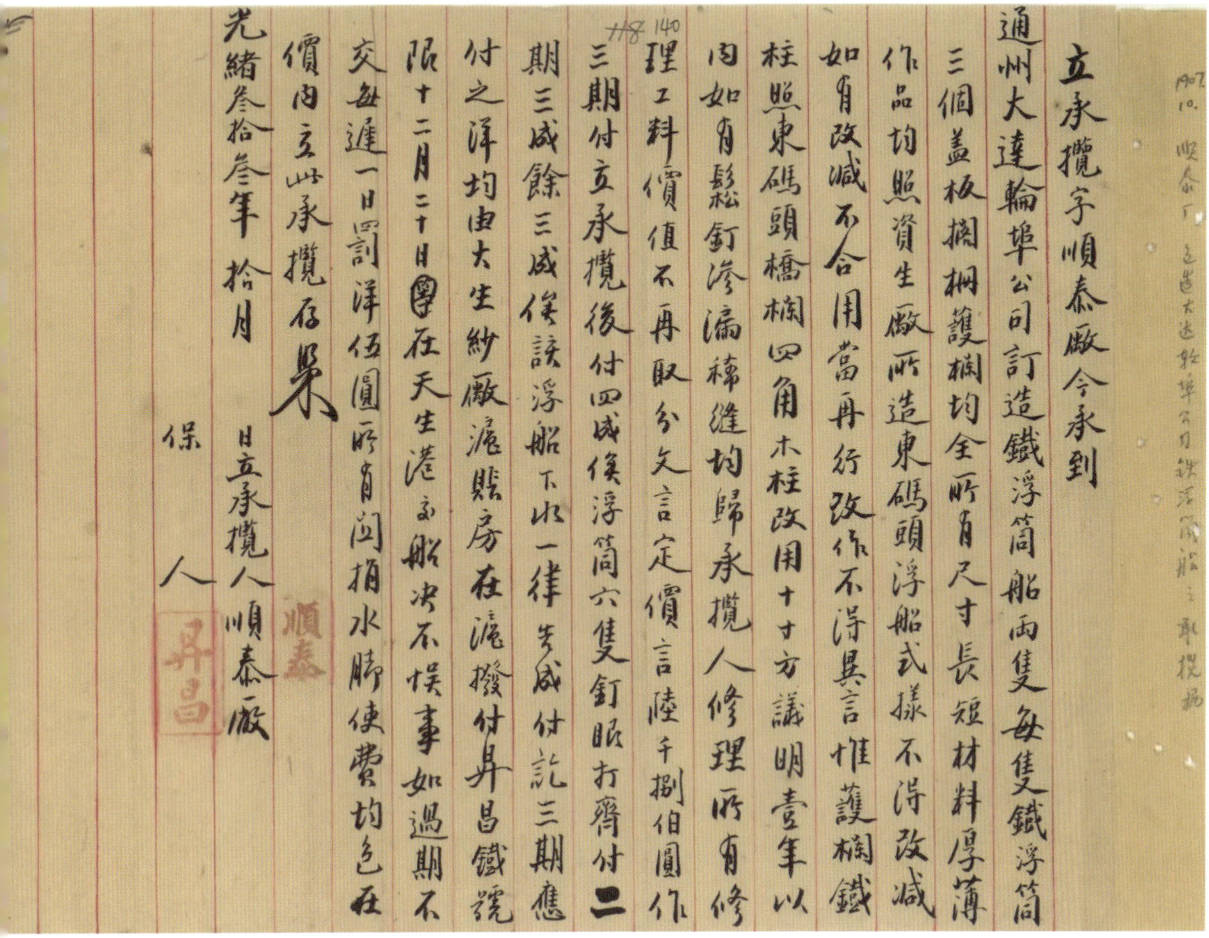

立承攬字順泰廠今承到
通州大達輪埠公司訂造鐵浮筒船兩隻每隻鐵浮筒
三個蓋板擱栅護欄均全所有尺寸長短材料厚薄
作品均照資生廠所造東碼頭浮船式樣不得改減
如有改減不合用當再行改作不得異言惟護欄鐵
柱照東碼頭橋欄四角木柱改用十寸方議明壹年以
內如有鬆釘滲漏補縫均歸承攬人修理所有修
理工料價值不再取分文言定價言陸千捌伯圓作
三期付立承攬後付四成俟浮筒六隻釘賬打齊付二
期三成餘三成俟該浮船下水一律告成付訖三期應
付之洋均由大生紗廠滬賬房在滬撥付昇昌鐵號
限十二月二十日學在天生港交船決不誤事如過期不
交每遲一日罰洋伍圓所有閘擋水腳使費均包在
價內立此承攬存照
光緒叁拾叁年拾月 日立承攬人順泰廠
保 人

图为1907年农历十月顺泰厂建造天生港大达轮步公司铁浮筒船的承揽书，原件藏于南通市档案馆。

經費又應辦未辦之工如建築關房驗貨場
各一所及隄內開港一道造橋二道統需庫
平銀十萬六十九百三十四兩三錢均須由
官籌認現在商墊竭蹶請迅賜籌款撥還等
情查躉船鉄浮箱請船木跳等項該公司請劃
歸商認係與奏案相符其歸官認還各款雖
較原估溢支銀六十餘兩實由員司薪費雜
支等項原估皆所未及一切公費諸從節省
核與原估有減無增辦理甚為切實至公司
墊用一切工料應歸官認之款照案須在天

籌認與案相符自應照准其由官認還各款
均係核實開報現因商力竭蹶且經年耗息
公家不免受虧該關道請俟全工告竣自明
年起統在江海關常稅項下照數先行撥還
既可藉紓商力於官款省費亦多洵屬兩有
裨益除飭該關道督飭將全工趕緊告竣仍
會商稅務司將該分卡章程復加体察應否
斟酌損益妥議稟辦並將清摺分咨外務部
度支部查照外謹會同署理江蘇巡撫臣陳
啓泰附片奏陳伏乞
聖鑒訓示謹
奏
光緒三十三年十月十六日奉
硃批該部知道欽此

光緒三十三年十月十六日收軍機處抄交端
方等片稱再通州天生港係在江海鈔關轄
境經前署督臣周馥會奏擬請暫作起下貨
物之不通商口岸修築江岸用費由大達輪
步公司息借興辦工竣後即於所收稅項撥
還欽奉
硃批外務部户部議奏欽此旋准議覆以天生港一
處應祇作爲起下貨物之口岸不必豫籌開
埠通商所設分關即作爲江海鈔關之分卡
至闢埠兩項工程約需銀十萬兩息借大達
輪步公司款項以爲設關築步之用應准照
辦等因奏奉
硃批依議欽此咨行前來當經分行遵辦並委員駐
工稽核各在案茲據江海關道瑞澂詳稱查
商稅務司安訂關章一面將碼頭江岸如何
辦理派理船廳與公司商定自上年十月開
工至今工程大半告成現請查勘該處正當
江湖要衝施工較難而所做各工穩固如法
西人之往觀在不爲稱許該公司本備有躉
船兩號就此接造碼頭浮步其江岸應行修
築之處均照案暫借商款興辦惟現據該公
司總理翰林院修撰張謇開送各工用款清

生港收稅項下陸續提還惟此項息借商款
議定周年八釐照公司借墊十萬六千餘兩
核算歲需息銀八千四百餘兩若必待該港
收有稅數始行撥還無論甫經開作口岸將
來稅數能否暢旺尚無把握即以前項所估
每年一萬餘兩收數約計還息之外已屬所
存有限不能兼顧還本愈遲則耗息愈多
公款既不免虛糜商力亦倍形艱窘不如俟
全工告竣自明年起統在江海關常稅項下
照數先行撥還似屬官商兩便有益無損至該

1907 年 11 月 21 日，两江总督端方等上奏称，天生港开埠工程应由官府支出款项，1908 年起在江海关常税项下拨还天生港大达轮步公司的垫资。此议得到批准。图为《端方等奏天生港开埠其由官认还各款请俟竣工自明年起统由江海关常税先行拨还一片奉硃批该部知道钦此》（抄件），原件藏于台北“中研院”近代史研究所档案馆。

門面每間单門壹扇窗貳扇房子落葉飲柱子洋松八寸方
五界樑用四寸拾寸人字木四寸六寸脚樓柱子四寸拾寸撑頭四寸
方衔条三寸六寸椽子用方工盖望板瓦片分間墻叁寸厚下
地彈街𥗳磩下三和土叁尺方山墻下三和土勒脚仝前壹様
墻頭厚拾寸明宕圍墻三和土勒脚仝前壹様墻厚拾寸高
拾尺人字結頂粉水門听中央玻璃天棚壹個下地彈街四面
明溝

圍第二皮墻念五寸高拾壹尺半第三層墻念寸高拾弍尺
半第四層墻拾五寸高拾叁尺上四各尖頂高叁尺中頂做平
用水門听每層扶梯壹乘樓板用壹寸六寸起口板洋松方
檻柵叁寸六寸泥滿平頂四層四面玻璃百葉窗宕子料用
硬木窗盤石厚四寸濶拾寸用白石做下地用水門听四面白
石衔沿四条以上共計照開水木石鐵工料油漆玻璃一應在
内惟自鳴鐘東家自辦

大達公司 内呈
諸位大老爺 電鑒

鄗松揚水木作

計開章程細賬 尺用英尺算

大房子五開間四廂房前用落地洋檯鐵欄杆閑濶高下拾弍
尺上拾尺中間壹丈叁尺兩邊壹丈弍尺進深叁丈上下洋檯濶四尺前
廂房濶每間壹丈叁尺進深壹丈貳尺後廂房濶每間壹丈貳尺深
同前大墻下做碎磚灰漿三和土陸尺打捧頭[illegible]大深做生鐵出風洞
清水墻頭厚拾寸沿口檯口用線脚屋頂用東洋松板工加牛毛毡
工蓋瓦輪白鐵柱子用[illegible]寸方洋松做下大料洋松六寸拾貳寸洋松
方擱柵六寸三寸工五界大料洋松拾貳寸四寸人字木四寸八寸脾樓
柱四寸拾寸撐頭木四寸方起口樓地板壹寸六寸桁条三寸六寸頂頭
又地擱柵三寸六寸金地龍墻厚拾寸高金寸每間壹条下用三和
土深拾寸濶拾五寸上下泥滿平頂做線脚分間工板墻下砌五寸墻
分間洋門每壹道宕子料用硬木門面清水五寸墻上下落地玻璃
百葉窗每間壹宕兩橫頭連廂房後上下玻璃百葉窗下用六分
圓鐵柵每宕六根宕子用硬木三寸六寸窗檻石厚四寸濶八寸長
五尺用白石做出水線窗上要做出水線宕子鴨蛋縫出水潮内
用窗盤板厚壹寸洋枱方柱到八輪灣撐花板洋枱下白石街
沿厚六寸濶拾弍寸正間起步石三塊濶拾弍寸厚六寸洋枱柱
下用白石方磉礅拾寸方洋枱上下樓地板起口板上下天滿頂
馬眼中間扶梯壹座火爐每間壹隻白鐵拾弍寸方水落方

图为邬松记（又称“邬松扬”或“邬松杨”）水木作提交的江海关分关关房建造估价书，原件藏于南通市档案馆。邬松记水木作的资料比较少。1901年10月20日，邬松记水木作曾在《申报》刊登一则《声明拍卖》。1919年，邬松记水木作承建了南通的更俗剧场。

立承攬人郜松楊今包到通州
大達公司起造關房鐘樓壹座公事大樓房五間四廂壹所
後有小樓房五間壹埭驗貨房五間壹埭又後小平房五間壹
埭及圍墻天井明溝陰溝彈地一應在内共計包造價
銀英洋壹萬圓正議定其洋分作四期支付以上用料大小丈
尺做品照呈上章程細帳樣圖壹式成造不能偷與減料自
包之後擇吉動土開工不得延宕限年内完工如逾期延遲至
明年正月罰洋貳百元如再延期至二月罰洋五百元正另立
保固切結十年此係兩相允洽各無異言恐後無憑立此
承攬包工據存照

光緒三十四年桂月　日立承攬人郜松記水木作

正承攬章程細帳共二十二頁附交收執　保人晉興行

代筆　誠之

大達　楊述平手

图为清光绪三十四年（1908）桂月（农历八月）郜松记水木作签订的天生港关房建造的承揽书，原件藏于南通市档案馆。

Peking, March 23.

A NEW PORT.

In response to a memorial from Viceroy Tuan Fang, an Imperial Rescript has been issued sanctioning the opening of Tungchou as a trading port for foreign and Chinese merchants in the manner of Tatung, Anking and four other ports in the Yangtze valley. This means that foreign and Chinese steamers are permitted to take and discharge passengers and merchandise at Tienshênkong, but Tungchou is still to be regarded as a non-Treaty Port. The branch Customs at Tienshênkong will be placed under the control of the Commissioner of the Shanghai Customs. The harbour, wharf and other constructional works at Tienshênkong which were started in November last under the supervision of the Hanlin graduate Chang Chien, managing director of the Deep-sea Fishing Company of Kiangsu and Chêkiang, will be completed in the course of one or two months. The cost is estimated at about Tls. 200,000 to be equally defrayed by the Chinese Government and the native gentry and merchants of Tungchou.

1908 年 4 月 3 日，上海《北华捷报》刊登文章《一个新口岸》（*A New Port*）。文章提到，清政府同意天生港按照《中英烟台条约》规定，仿照安徽大通、安庆，江西湖口，湖广武穴、陆溪口、沙市六口模式，作为仅允许中外轮船在天生港上下客商和起卸货物的不通商口岸。天生港将设立江海关的分关，相关开埠的设施建造，在江浙渔业公司总理张謇的监督下进行。图为《北华捷报》报道原文。

項由張殿撰移請滬道轉致鎮税司以後與天生港進出各貨按章程征一正税以昭一律而維商務云

○南通州通信

▲驗收商埠工程　通州天生港自開商埠現在各項工程均已完竣共用銀一十六萬餘兩經張季直殿撰詳具圖說連同報銷分呈督撫轉奏現滬道劉觀察已札派關炯之太守來通驗收工程矣

1910年6月6日，海关总税务司署发出第1697号通令，对天生港自开商埠后货物纳税问题作了规定："凡任何一种货物由开放口岸经内河轮船运往通州时，应于装船前向海关交纳在开放口岸应交之税，并于卸货后向通州常关交纳应纳各税（通州常关位于上海50里之外，应由上海监督管辖）。同样，经内河轮船由通州运往开放口岸

▲天生港開闢商埠後辦法

通州天生港開闢商埠工程告竣頃由張殿撰移請滬道遴委專員來港管理以免貽誤並以天生既已設埠所有長江各輪船向於蘆涇港上下搭客者應請函商稅務司轉飭各商輪公司即將洋棚划船移設天生港於上下搭客划力二角之內酌提埠工歲修經費在各商輪畀移地位當無異言在公家既便於稽查私貨而於埠務尤可漸臻發達云　又天生港已闢爲可以起下貨物不通商之口岸凡商輪由滬來港或由港往滬起下貨物業照長江六口章程過一關者照完正稅一道鎭江

之货物应于装货前交纳应向常关交纳各税，抵达开放口岸时再向海关纳税。按照《内河行轮章程》在通州贸易之轮船一律遵照《内河行轮章程》规定。”左图为1910年12月31日《时报》刊登的《验收商埠工程》，右图为1911年6月8日《新闻报》刊登的《天生港开辟商埠后办法》。

每月應由公司彙繳海關解送公署轉送江
海新關稅務司核收以清界限至每年
應如何核准之處每一担完正稅七錢免予重
征分行並照准之所請由通州分關督飭天

稅單內註明稅銀數目並立簿登記備查發
給稅單時應連同繳查一聯一併給商起運
於輪船時報由
新關稅務司訪派駐港人員查驗截留匯送
稅務司查核其稅銀應繳關平通行內地無法
平色且又通用銀元折算難於吻合應由公司
駐滬經理員按月照數取具中國銀行銀票
送至公署轉交稅司以昭妥便仍照案每月應
由公司匯批彙開清摺繕明應稅銀數送關
核對存根相符即由該關于次月五日內將清
摺連同存根具文詳送以憑核办仍將照办
情形並開办日期具報毋違此飭
計發稅單五本共五百張

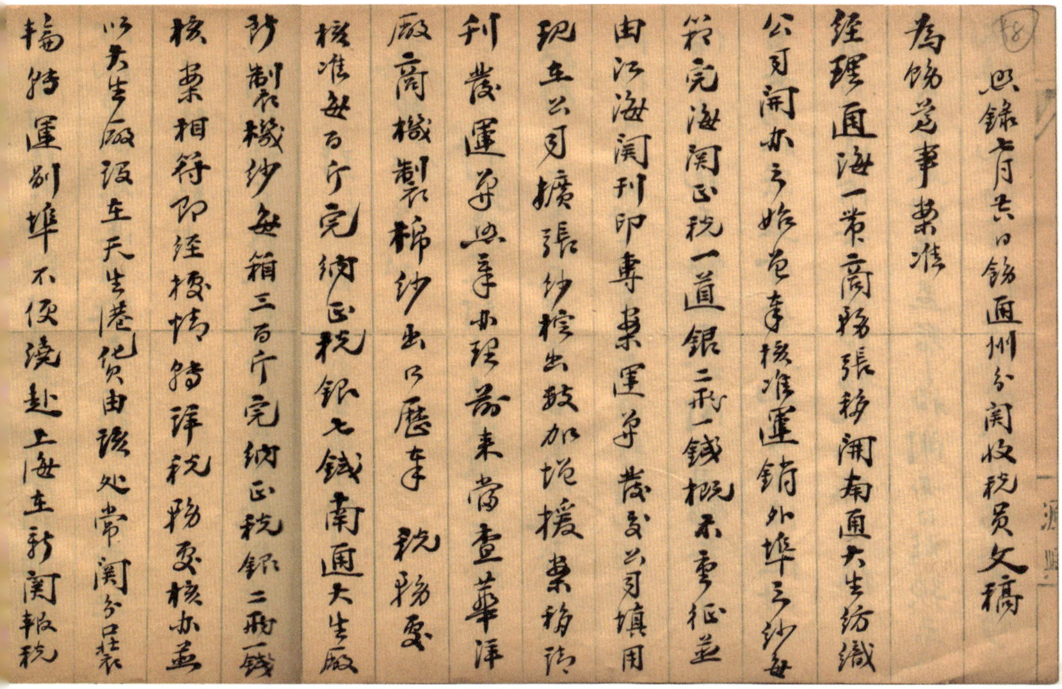

1915年，大生纺织公司外销棉纱每箱三百斤，在海关缴纳正税银二两一钱。图为《照录七月廿六日饬通州分关收税员文稿》，原件藏于南通市档案馆。

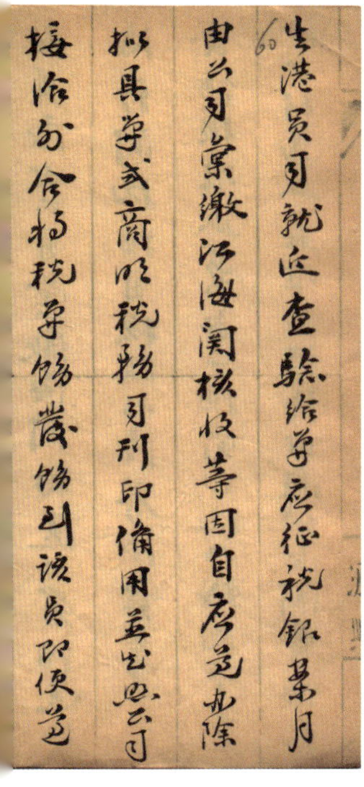

天生港自开商埠与江海关分关的设立，为南通及附近地区货物的流通带来便利。图为江海关分关外景。

▲分關彙解稅銀　通州分關收稅員周季誠、現將一月份本關所收稅銀結算、共計一千三百五十五元六角四分、業經造具清册、於本日(二十二)連同甲乙聯稅單一併彙解江海關陶監督核收矣

图为 1922 年 2 月 25 日《申报》刊登的《分关汇解税银》，从中可以了解到江海关分关 1922 年 1 月的税收情况。

財政部變更全國海關分卡

本縣天生港分卡今日撤銷

▲商會力爭未蒙批准

▲貨品須由滬鎮承轉

財政部明令公佈・自二十五年元旦日起・變更全國各海關分卡地址・本縣天生港・原設有江海關分卡・派員查驗起貨・是否與關單相符・商民稱便・自今日起・天生港分卡撤銷・商會力爭無效・以後本縣上下貨品・均須由上海鎮江承轉・

图为 1936 年 1 月 1 日《通通日报》刊登的《本县天生港分卡今日撤销》。

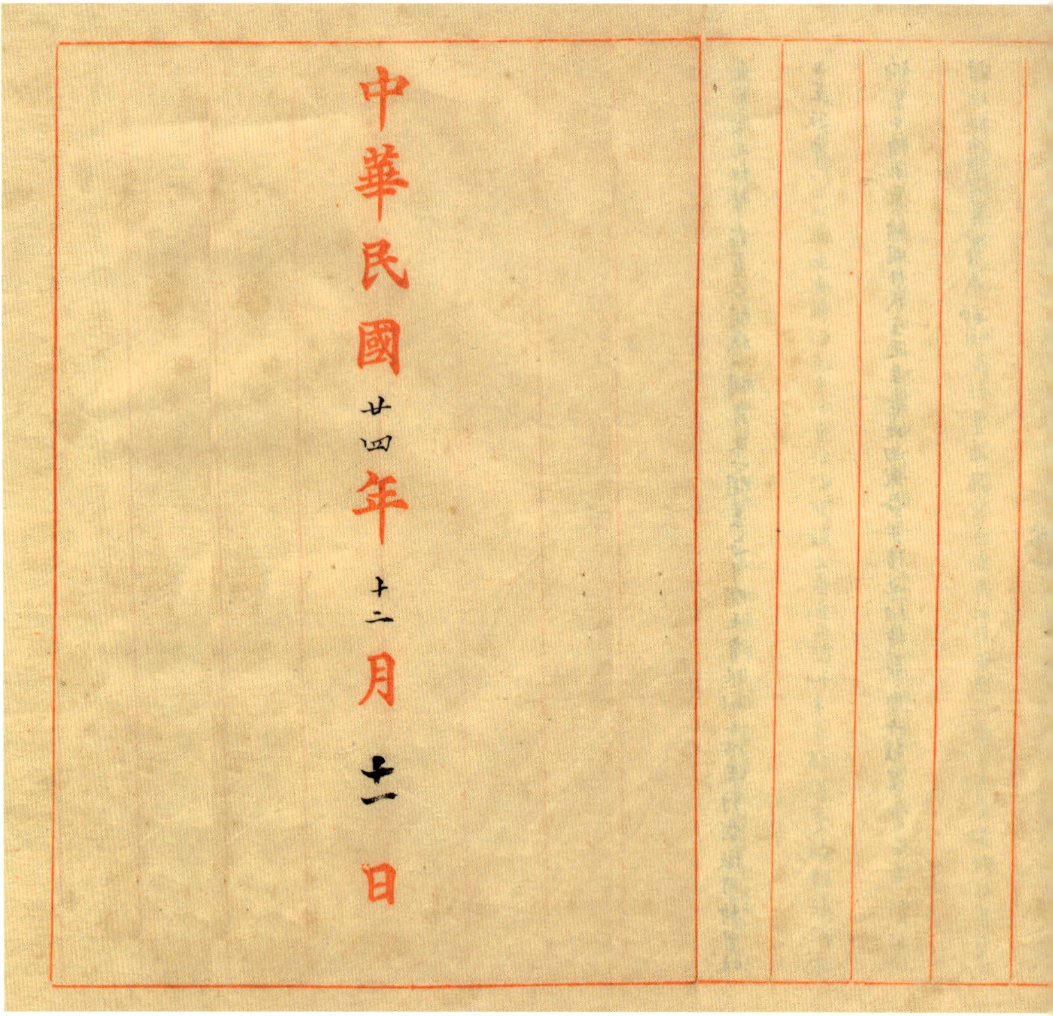

中華民國廿四年十二月十一日

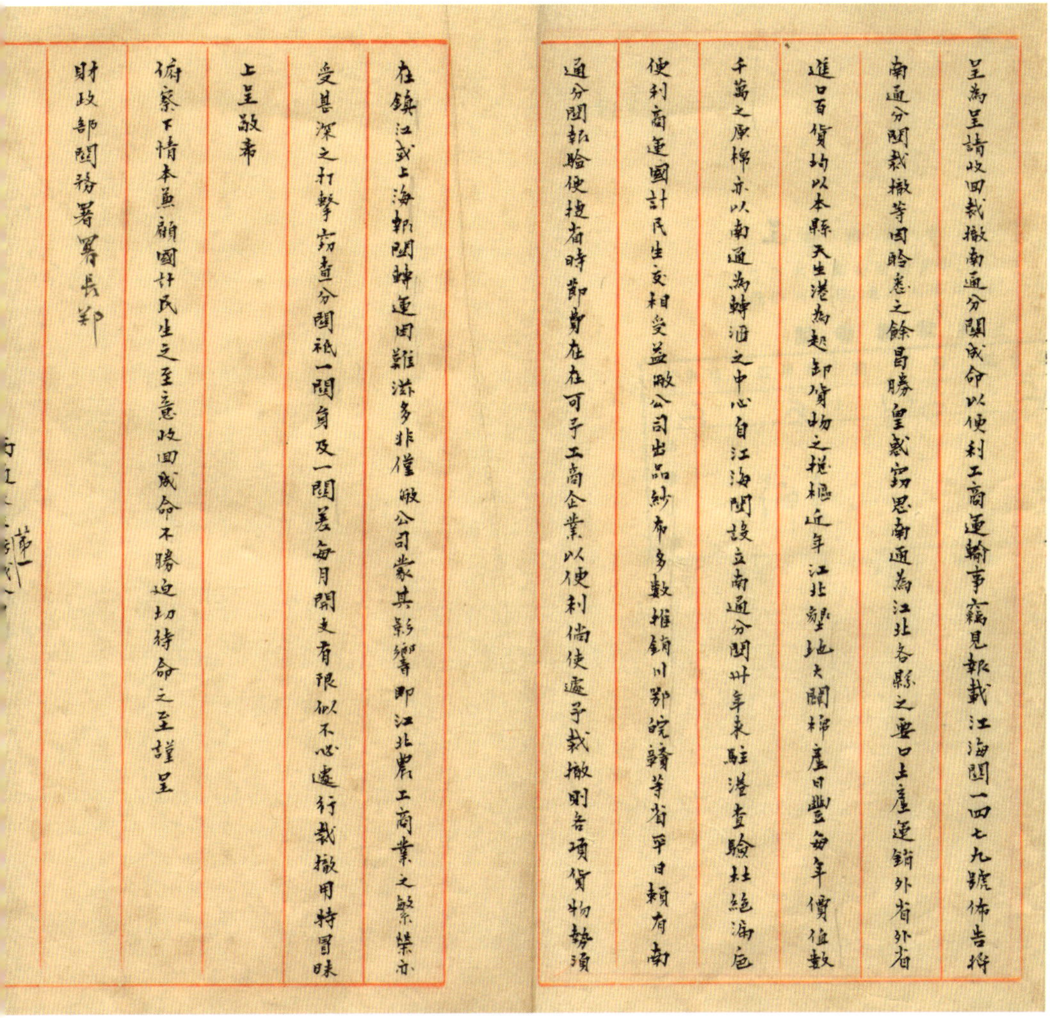

呈為呈請收回裁撤南通分關成命以便利工商運輸事竊見報載江海關一四七九號佈告將
南通分關裁撤等因聆悉之餘曷勝皇惑竊思南通為江北各縣之要口土產運銷外省外省
進口百貨均以本縣天生港為起卸貨物之樞紐近年江北墾地大闢棉產日豐每年價值數
千萬之原棉亦以南通為轉運之中心自江海關設立南通分關卅年來駐港查驗杜絕漏卮
便利商運國計民生交相受益敝公司出品紗布多數推銷川鄂皖贛等省平日賴有南
通分關就驗便捷省時節費在在可予工商企業以便利倘使遽予裁撤則各項貨物勢須
在鎮江或上海報關轉運困難滋多非僅敝公司蒙其影響即江北農工商業之繁榮亦
受甚深之打擊竊查分關祗一關員及一關差每月關支有限似不必遽行裁撤用特冒昧
上呈敬希
俯察下情本兼顧國計民生之至意收回成命不勝迫切待命之至謹呈
財政部關務署署長鄭

1935年12月11日，大生第一纺织公司董事长徐静仁呈文国民政府财政部关务署，要求收回裁撤江海关分关的成命，未果，1936年1月1日，江海关分关被撤销。图为《徐静仁致国民政府财政部关务署函》的底稿，原件藏于南通市档案馆。

南通

关于在南通兴办实业，张謇认为根据本地资源条件，『唯有专意纺织及火柴、纸、盐、碱』。可见，至少在1912年时，张謇已经有兴办火柴厂的设想。

第三章

『振兴实业，不遗日用之微』

——通燧火柴公司

19世纪末，火柴输入中国后，逐渐成为人们生活的必需品。20世纪初，中国国内的火柴厂只做火柴头而不生产火柴梗，火柴梗需要进口。张謇何时萌发在南通本地生产火柴的想法，尚待文献的挖掘和考证。1919年10月，张謇在通燧火柴公司招股简章里提及，他1903年赴日考察时，在了解火柴梗的原料后，随即购买了万棵树苗在南通试种。

1912年，张謇与传教士李提摩太交流后，写下了《感言之设计》，对于在南通"普及教育、公共卫生、大兴实业、推广慈善"四个方面做了规划。关于在南通兴办实业，张謇认为根据本地的资源条件，"唯有专意纺织及火柴、纸、盐、碱"。1912年，张謇已经先后创办大生纱厂、大生分厂、同仁泰盐业公司等企业，因此，至少在那时，他已经有兴办火柴厂的设想。

1914年，张謇在给后来担任火柴厂工程师的杨德清的信函中写道："火柴厂，走蓄此志久矣。故走所种树，亦以白杨及德国槐为多。"只是"惟提倡须有根据，营业须有把握。机器既云简单，资生且可仿造，究需资本若干？设厂地点，究拟何处？是否专制轴木，抑制成火柴？望妥筹见复为盼"。从张謇的信中可知，他规划在南通种植白杨及德国槐，以此作为火柴梗的原料。同时他又持审慎的态度，对于设备的投入、厂址的选择，以及拟议中的火柴厂是只生产火柴梗还是生产火柴，仍在斟酌。

1917年7月21日，火柴厂在通崇海泰总商会召开成立会。火柴厂以"通海火柴梗木股份有限公司"的名称发起，股本银2万元，发起人除了张謇，还有张詧、周季诚、马息深、张敬孺、杨耿之、刘乙清、张作三、杨德清等人，厂址设于天生港大达轮步后隙地，借通崇海泰总商会为办事处。在成立会上，定公司名为"通燧火柴股份有限公司"（以下简称"通燧火柴公司"），股东追加投资1万元，选举张詧为总理，杨耿之为经理，杨德清为技师兼坐办。

通燧火柴公司的厂区，以银6000元的价格由冯圬人承包建造，厂房设计颇有特色，"所建房屋三台，业经建就，各屋顶皆另有气楼，专为宣泄磷气"。因动力来自蒸汽，对水质有较高要求，但由于江水浑浊，通燧火柴公司特地在厂区后面开凿了一口井。杨德清聘请日本工程师佐佐木喜太郎安装机器，佐佐木喜太郎也是通燧火柴公司开工初期的技术工人。1919年5月15日开始生产火柴梗。1920 年，张謇在《天生港设立通燧火柴公司请准予备案文》里透露，已经“先后购买日本、德国制梗、制合各项机器，试制火柴，尚称合用”。

通燧火柴公司设立后，经营上曾遇到流动资金不足的困难。从张謇给陈光甫和吴寄尘的信中可知，上海商业储蓄银行曾给予流动资金的贷款。1921 年 1 月 12 日，通燧火柴公司召开临时股东大会，以公司全部房屋、设备作为抵押，并由张謇、张詧兄弟担保，向上海商业储蓄银行借款 10 万元。

据 1922 年张謇致张星五的信中所述，通燧火柴公司生产的火柴的行销范围“通沪为多，镇江、芜湖亦有一二”。火柴盒的糊匣、火柴的装盒，给天生港一带的妇女提供了工作机会。火柴的商标有南通、织女、长江、狼山、古钱、麒麟等。

通燧火柴公司的生产经营状况起起落落。1922 年 2 月 22 日，通燧火柴公司债权团在通崇海泰总商会开会，会议认为公司营业情况尚可，只是因内部管理不善，导致亏损 10 余万。债权团请陈明辉组织清理处，先结算账目，再考虑改进措施。

1924 年底，通燧复记火柴公司承租淮海实业银行受抵的通燧火柴公司的机器和厂房，制造火柴。1929 年 8 月，通燧振记火柴厂与淮海实业银行签订租赁资产的合同，这份无年限约束的合同规定，通燧振记火柴厂有权使用通燧火柴公司的各类火柴商标。

1953 年 6 月，淮海实业银行临时管理委员会召开会议，决定以淮海实业银行拥有产权的通燧火柴公司，与承租的通燧振记火柴厂经营人合作经营。11 月，淮海实业银行临时管理委员会私股股东代表、通燧振记股东代表，向南通市政府工商局呈请核准由双方合股经营火柴工业，并请求改组为公私合营企业。1955 年 8 月 13 日，通燧火柴公司改为公私合营。

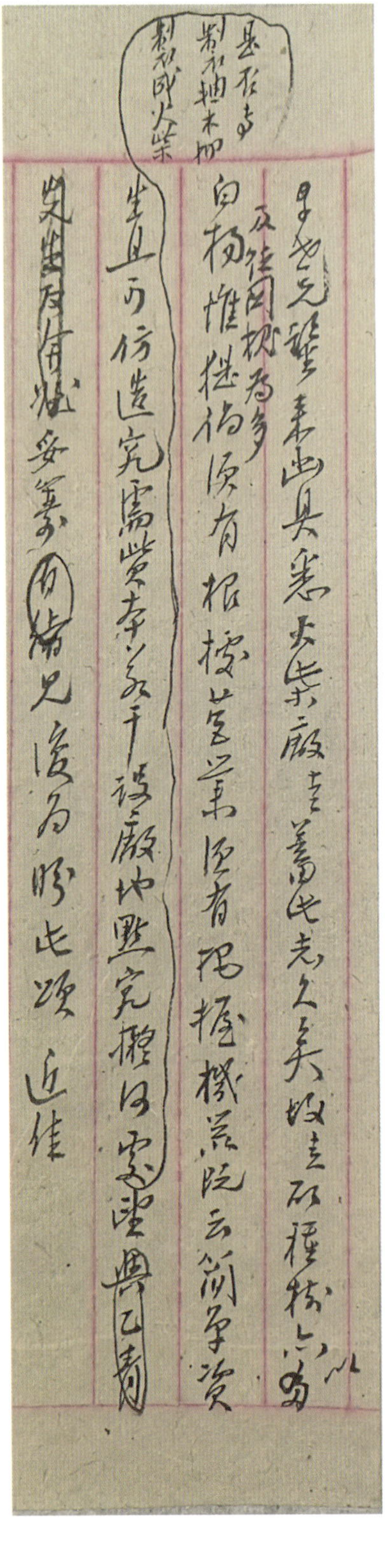

图为1914年，张謇写给杨德清的有关设立火柴厂事宜的信稿，原件藏于南通市档案馆。

上图为 1913 年 11 月 2 日《通海新报》登载的“洋火”价格；下图为 1916 年前后的南通城，图中人们在围观汽车。

洋火

燮昌紅頭洋火　元念一兩二錢五分
榮昌紅頭洋火　元念兩〇七錢五分
十字牌紅頭洋火　元十八兩五錢
黃鶴樓紅頭洋火　元十六兩五錢
月兎細枝黑頭洋火　元十九兩
十字細枝黑頭洋火　元十六兩

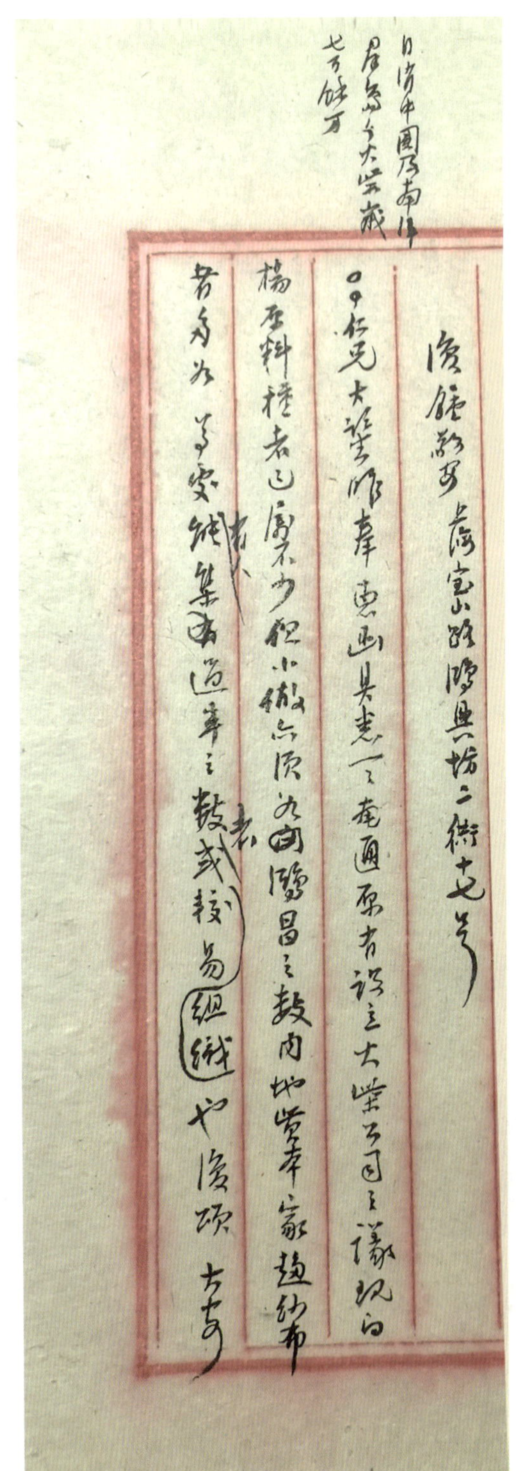

1915年，张謇复函钟敬安时提到，“南通原有设立火柴公司之议，现白杨原料，种者已属不少”，而且“日销中国及南洋群岛之火柴，岁七百余万”。火柴与百姓生活关系密切，张謇在拟议设立火柴公司时，就着手准备火柴梗的原料，开始在南通长江沿岸堤坝、大道旁、空地处种植白杨。图为张謇致钟敬安函底稿，原件藏于南通市档案馆。

This shows a section of the highway between the city and Tang Ka Zia. Along the sides of the road s of willow trees are planted. The average width of the road is about 18 feet. There are 15 miles of such way in Tungchow.

此馬路及行道樹也南通有馬路五十餘里可行汽車馬車等道路兩旁皆植柳樹

夏日綠柳成蔭旅客受益非淺夕陽西下徘徊道旁尤有樂趣

— 103 —

据1920年12月出版的《南通实业教育慈善风景画册》，南通有马路50余里，两旁种植柳树。行道树采用柳树，别处种植白杨，显然经过认真的考量。图为书中有关南通马路、行道树的插图及说明文字。

▲通海火柴梗木公司開成立會

火柴爲吾民日用必需之品 通海各縣輸進船來之貨每年數十萬金 茲由發起人 管鎮守使張退公張嗇公周季誠馬息深張敬孺揚耿之劉乙青張作三楊德清諸君 集合股本銀 二萬元在天生港輪埠後隙地 創設通海火柴梗木股份有限公司先借通崇海泰總商會 爲辦事處即 股本已招足額數於今日下午開會 仍由發起人先期公具函啓邀集各股東開會茲將原函照登如下

敬啓者通海火柴梗木公司 招認股本業已足額應即 舉行[illegible]立會將成立進行各事宜公同議定俾便循照辦理 茲訂舊曆 六月初三日下午三時 邀集 各股東 假座 總商會

● 接第六版要聞 ●

1917 年 7 月 21 日，张謇发起在通崇海泰总商会举行筹建会议，拟招集股本银 2 万元，在天生港大达轮步后隙地设火柴厂。上图为 1917 年 7 月 21 日《通海新报》刊登的《通海火柴梗木公司开成立会》，下图为 1917 年 7 月 23 日《通海新报》刊登的《通燧火柴梗木公司开成立会情形》。

本縣要聞

▲通燧火柴梗木公司開成立會情形

火柴梗木公司 於本月三日借總商會地點 開成立會 已誌本報茲悉昨日下午三時開會到會者管鎮守使盧縣長張退公及陳葆初周季誠馬息深徐孝先楊耿之楊德清諸君及各股東代表十餘人 首由楊君德清陳說火柴 發軔於西洋 始用蠟梗 後日本製造家以木梗代之 遂成今日 世界莫大之工業神戶火柴軸木廠（日本名詞謂之軸木即梗木也）不下 十餘家 前在日本實習時詢之則謂 均運銷於中國 火柴廠蓋 中國 創設 火柴廠 已卅餘年 所用梗 木 竟付缺如 盡取材於日本 夫豈無人研究亦以無日本北海道之柳木故耳鄙人不自量昔年在申親自搜集各地各種木材逐一研究經十餘年豈知皆屬棄材後在 通海覓得所產之白心楊樹 析而試之 可以代用 然猶不自信 親帶數百斤至日本做成火柴果易燃而耐風 日人稱美 始知中國亦有火柴軸木之材料 此次承退公嗇公及諸股東之信託 創設公司 第一步 仍屬試驗凡發明一種新工業必有意外之障礙故鄙人祇能注意於工作無暇旁及他職務云云次由張退公說火柴梗木於 國際民生關係匪淺 至於各股東之利權猶其小焉者也 應乘此時機從速開辦 末由陳紳葆初說此等工廠運本甚巨 原議二萬元 恐不足以資週轉 應請再加一萬 各股東遂照三萬分股認定 次公舉 張退公爲總理楊耿之君爲經理 楊德清君爲技師兼坐辦 定名通燧廠址定天生港 并請楊君德清速行赴東購機開辦 散會已鐘鳴六下矣

▲火柴廠不日竣工

天生港大橋左近建造通燧火柴公司經馮坊人包辦價銀六千元曾誌前報所建房屋三台業經建就各屋頂皆另有氣樓專爲宣洩燐氣之用其屋外現正從事粉飾約於陰歷年內儘可竣工惟公司四圍圍牆及外之表門尙待來春僱工興築矣

图为1919年1月15日《通海新报》刊登的《火柴厂不日竣工》，报道通燧火柴公司的主体建筑有望在阴历年内竣工。

本縣實業

△火柴廠收買梗木

天生港大橋左近開辦 通燧火柴公司 各節疊誌前報茲聞建築廠屋三台業於客臘竣工所有兩旁矮牆及屋頂氣樓等不日亦將工竣至四圍々牆及中間表門暨各職員各工人之寄宿室尚須接續建造云

該廠做火柴梗木材料純用白心楊樹現已揭貼廣告於通海各區略謂本廠專收原段白心楊樹無論長短愈大愈好須鋸去樹枝樹根其圓經當在一尺以外者方可合用凡賣樹者能運送至本廠價値格外從優倘因送廠路遠即向就近本廠經收處接洽云云

通燧火柴公司先后购买日本和德国的制梗、制合机器制造火柴。张謇认为，通燧火柴公司“与购买外制柴梗、柴药之厂不同，寓有提倡林业及国货之意”。但是新植的白杨尚需时日才能成材，必须从别处购进，通燧火柴公司地处外江、内河之冲的天生港，地理优势明显。图为 1919 年 3 月 31 日《通海新报》刊登的《火柴厂收买梗木》。

▲火柴軸木公司行將開幕

天生港通燧火柴軸木公司廠屋工程早經告竣規模宏大近聞該公司技師楊德清君聘請日本工程師佐佐木喜太郎來通裝設機器約在五月間即可正式開幕矣

图为1919年4月28日《通海新报》刊登的《火柴轴木公司行将开幕》，介绍了通燧火柴公司筹建情况，提及聘请日本工程师佐佐木喜太郎来南通安装机器。

▲火柴廠之着着進行

天生港建築通燧公司火柴廠房屋三台已近竣工（疊誌前報）機器鑪亦於月初安置所有引擎間及各分部機器現正從事修理安放但各機器間按日所用之馬力約共數萬餘所此馬力之活動悉賴引擎爲基本引擎間必以水蒸汽引轉各輪斯水即爲引擎發生動力之要素惜該港之水混濁不清不堪取用現已議設一井其地址即定在該廠後之小港內現正飭工車水不日當開工建築所收之白心楊樹業經有三十餘噸（每噸重一千六百八十斤）聞待至一月後即先行開工做成梗木（以

图为1919年5月6日《通海新报》刊登的《火柴厂之着着进行》，报道通燧火柴公司基建、设备安装和原材料收购情况。

▲通燧公司招股之章程

通燧火柴軸木股分有限公司成績 迭記

本報 茲聞該公司以近日。鹽墾各股東在通開會已擬就章程招股完成十萬元股東因記之如下

一定名 通燧火柴軸木股分有限公司二 貲額 股本總額銀圓十萬圓分作二百股每股銀五百圓三 營業 機器製造火柴軸木及火柴四 官息 股本官息周年八厘五 地址 南通縣天生港六 職員 總理一人經理一人副經理一人董事三人監察二人均由股東公同選舉其餘各職員由總理經理延僱七 任期 總理經理副經理董事任期二年監察人任期一年均連舉連任八 餘利 營業進出每屆年終清結一次開具帳略報告股東常會所有盈餘作十四成分派股東十成公積一成發起人出品人酬勞一成自總理以次各職員二成九 會期 股東常會於每年舊歷三月舉行一次遇有緊要事件得開臨時股東會議十 附則 本章程呈部核准後非經股東會議決不得修改其餘未盡事宜悉照公司條例辦理

图为 1919 年 5 月 19 日《通海新报》刊登的《通燧公司招股之章程》。

▲火柴廠梗木誌略

天生港通燧火柴公司整理各部機器及所築之井早經完竣其正式開幕尚待秋間七月茲已於夏曆四月十六日先行開工做成梗木法以樹幹就機器處分爲小段再由一機器輪轉抱成木片更由一機器切成梗木所有各部機器馬力之活動均賴一引擎爲基本循環不息敏捷非常至整理木片及梗木等悉由自鄉間婦女爲之自該廠開工以來婦女之赴廠習工者日增一日攜飯籠戴食具有不遠數里而來者惟工價若何該廠章程尚未揭貼每日上工時間自上午七時起至下午六時止

中國各地火柴廠祗做火柴頭而不做梗木其梗木向皆運自東洋茲值天生港開辦通燧火柴軸木公司可做成軸木不賴東洋貨爲原料正可謂中國獨一無二之廠也而況値此抵制日貨時代將來爲內地各廠運銷之用不數年後銷暢日廣利源充足當可操諸左劵也

图为 1919 年 5 月 29 日《通海新报》刊登的《火柴厂梗木志略》，对通燧火柴公司开工制造梗木进行了报道。

▲火柴廠女工價之規定

天生港通燧火柴軸木公司試辦以來將屆一月所招女工已逐漸增多現達五六十名之數惟現時拖成木片之機器祗用兩軸其餘四軸俟後來試用時招集婦女尚共需二百名左右其每日工價業於月初規定牌示門首共分三等優等銀一角四分次等銀一角二分下等銀一角均以大洋計算輕前此初行試辦時之工價銀八分已增加不少矣所有整理之軸木裝運滬上每担價銀計四十圓云

图为1919年6月10日《通海新报》刊登的《火柴厂女工价之规定》，介绍通燧火柴公司女工已达五六十人，工资标准分三等，工资分别为银1角4分、1角2分、1角。

▲參觀通燧火柴公司記略

記者（訪員）昨經天生港偕友往通燧火柴公司參觀內部得悉火爐汽鍋各一引擎甚小蓋製火柴之木莖馬力無須大且機亦不在多也鏇切等機是日僅開二處工人因雨所阻來者寥々其手續先以木材鋸分成段其長寬與鏇機相等次用斧削之成圓柱形繼則裝入鏇機鏇成無數薄片取其片或切（令片之兩端整齊）或疊置於木板上以之裝於切機之下頃刻之間則由片而莖矣其莖溼（鏇時切時須潤否則易斷裂）鏇乾後用人工裝紮成小綑或大包其工乃畢聞每石木材所得之貨爲三分之一其三分之二則轉售他店另造紙物或作爲燃料至該公司之主要工人係日人佐々木喜太郎見其指導盡職作工敏捷能敬其業可見一班云

图为1919年7月18日《通海新报》刊登的《参观通燧火柴公司记略》，对通燧火柴公司生产情况进行报道。

▲通燧公司認股之踴躍

通燧添股開會一節已登昨報茲悉前日在城南別業開茶話會後寥寥數人而認股者已達二十餘萬退公齋公以志在提倡工業不欲由門內少數人獨占厚利乃自減少認額作南通認足二十萬留存十萬託吳寄塵君在上海招集亦可見該火柴公司之辦有成效也又該公司於上半年試辦期內常抱原料不足之處現有某商者來通請求訂約由彼在淮揚一帶採辦白楊每月供給五千担已議有頭緒此後源源接濟更可放手做去獲利益覺不貲矣

图为1919年10月30日《通海新报》刊登的《通燧公司认股之踊跃》，报道通燧火柴公司招股情况。

觀乎定各國工商業有激烈之競爭而中國內地亦可開無窮化竊爲良之利益爰集同志擴充斯廠簡章列後

(一)定名　通燧火柴有限公司

(一)廠房　南通縣天生港原建汽樓房平房三十間應添造七十間以備大機之用業已動工建築

(一)營業　本廠既因自製木梗而製火柴則木梗除自用外仍應大宗推銷以應各柴廠之需

(一)股額　本公司先試辦木梗已集股十萬元大機到乘辦火柴續股二十萬元統三十萬元分作三千股每股洋一百元

(一)繳股　股銀分二次收足第一次收五成先給收據第二次收足填給股票收股處上海法馬路外灘通海實業公司南通總商會

(一)息率　不分前股後股統作週年八厘起息銀到次日起算以照公允

(一)餘利　進出各款每屆年終清結一次刊布帳略其盈餘照大生紡織公司章程除折舊公積外作十四成分派十成歸股東四成充在事人紅獎均次年三月給發

▲通燧公司大擴充

天生港通燧火柴公司自開機製梗以來成績極佳兹因添購大機增加資本擬擴充爲三十萬放手做去廿八日下午在城南開會分認股銀想一般資本家必踴躍爭先也其招股簡章並小啟如下火柴發軔於歐西初用蠟線爲梗後析木以代遂成今日世界莫大之工業中國所造通用火柴雖日漸擴充而所用之木梗均購自日本謇昔年因事赴日知火柴梗之原料所產隨購日本火柴梗木秧苗萬本在南通試種適楊君方植研究江北出產之白心楊樹堪以製造火柴木梗謇兄弟以楊樹向爲就地燃料既適火柴木梗之用遂於民國六年向瑙威國定購造木梗製火柴全機此值歐戰方殷一時不能裝運次年先就近略購製梗機件在南通天生港試辦甫經製成木梗即承各火柴廠歡迎紛來定購已有供不敷求之勢咸謂此種

图为1919年10月28日《通海新报》刊登的《通燧公司大扩充》，内有通燧火柴公司募集新股简章。

商價准比照江海關木柴每千斤即每十担稅銀二分之例案予核定通飭各常關稅所一律遵照其非本公司運購為火**柴軸木原料之用者不得援以為例以示限制而紓商力** 再前呈所請**每百石完銀二角**即係援照江海關每千斤完銀二分之例呈內業已聲敘惟扭字悮繕石字合併聲明等情查原呈稱楊樹段即係楊柴所請援照江海關木柴每千斤稅銀二分之例可否酌予通融廳請核辦見復等因到部查此案前擬該廳議復此項楊樹段稅率按照雜樹雜柴原率折衷規定每百斤稅銀元二分當經本部指令照准轉行遵照在案茲復准農商部咨轉該公司呈稱此項楊樹段即係楊柴初非二物現在平均價格每百斤約銀元二角六七分每扣稅銀二分是值百抽收七八之巨按照估本征稅辦法未免反為加重等語究竟此項楊樹段現在價格若何如果確係每百斤得銀二角六七分似應將**原定稅率酌量核減以示體恤** 合行令仰該廳長再行查明核議具復以憑辦理等因到廳奉此查現行稅率雜樹每百斤稅銀元三分雜柴松柴每百斤各稅銀元一分其楊樹段楊柴均未規定前經本廳核定按照雜柴原率折衷計算每百斤稅稅銀元一分本極公平今該公司請援江海關木柴每千斤稅銀二分則每百斤祇征二厘相去懸殊海關稅則本與貨物稅率不同原難仿照惟所稱楊樹段即係楊柴每百斤僅值銀元二角六七分征銀二分合值百抽七八之多究竟價格若干既又奉部令復請亟應調查明確以憑核辦合即令行該所長遵照查明據實具復勿延此令

▲通燧求減原料稅率之部令

天生港 通燧火柴軸木公司 爲吾中國之開山始祖其發達之情形及續招股本總總迭記前報 茲聞江蘇財政廳訓令各征收機關及通如貨物稅夏所長云本年十一月十日奉財政部訓令案准農商部第二四二號咨開通燧火柴軸木公司續請從輕核定楊樹段原料稅率一案前准咨據江蘇財政廳議復按照雜樹雜柴原率折衷規定每百斤稅銀二分應准照辦等因業經准咨批示該公司遵照在案茲復據該公司呈稱江北一帶所產楊樹質甚鬆柔水分極多南省從未聞以之製造器料其炊燃之力遠不及松柴雜柴是以價格亦遠遜本公司 創用此樹製造火柴軸木卽取其質 [illegible] 鬆柔易於導火 堪以抵制洋貨 且有合於廢物利用之原則 此項楊樹段卽係楊柴初非二物 [illegible] 在平均價格每百斤約銀元二角六七分茲江蘇財政廳擬令完稅銀元二分是值百抽取七分之巨按然估 本征稅辦法未免反爲加重 考江蘇現行貨物稅稅率樹木門內載之雜樹名目係指可供建築及製造器具之木料而言其貨品質價格較之松柴雜柴尤爲超絕而楊柴較之松柴雜柴尙屬低次似毋庸以優劣懸殊之物品爲折衷訂稅之標準伏念本公司 發明此項原製 [illegible] 火柴

图为 1919 年 11 月 17 日《通海新报》刊登的《通燧求减原料税率之部令》。江苏省财政厅根据财政部训令核定所用原料杨树段每百斤的税银元 2 分，通燧火柴公司认为，这一税率偏高。

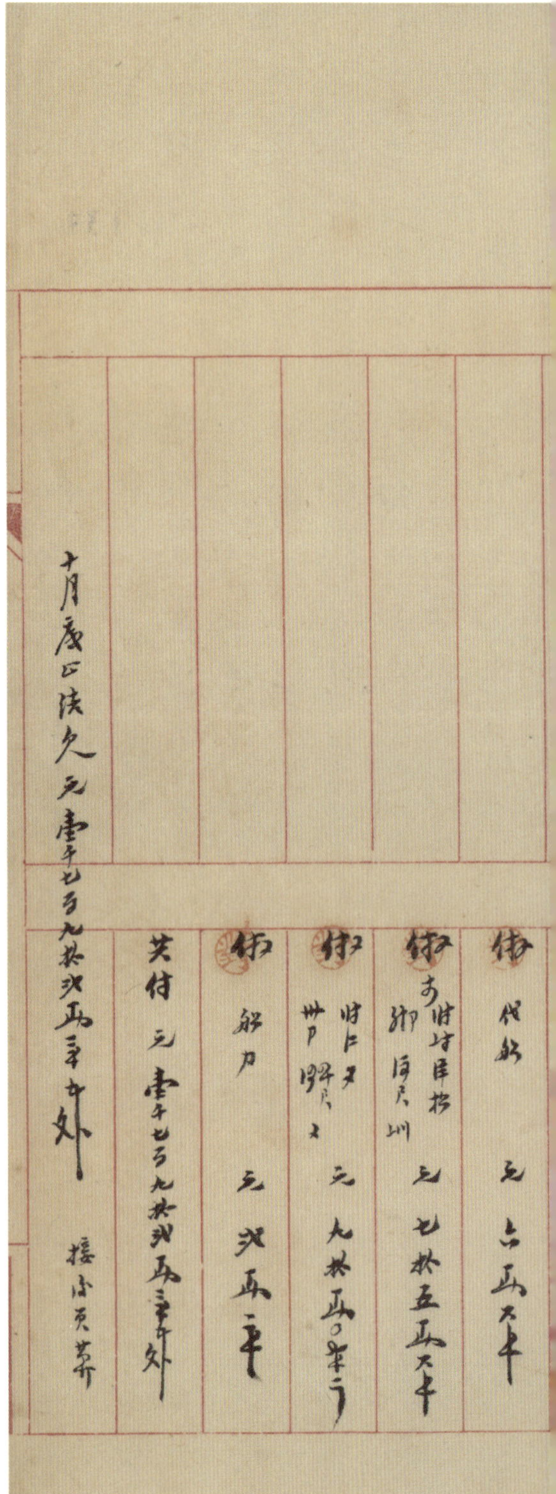

图为《己未年（1919）大生驻沪事务所公司账》中的“通燧公司”部分，记载大生驻沪事务所为通燧火柴公司代办物料的情况，其中十月份购置的物料多为杨松和水泥。原件藏于南通市档案馆。

通燧公司 台

十九 付 水泥车桶驳力 [illegible] 元叁百[illegible]

廿 付 沈合兴 装料费 [illegible] 元壹百[illegible]

廿一 付 又 又振铳 [illegible] 元拾壹百[illegible]

廿二 付 州 水泥车桶 元壹百八十五元

廿三 付 顺泰 时仁洋杉 [illegible] 元壹百[illegible]

付 又 财记 又 [illegible] 元[illegible]

付 又 财记 又 [illegible] 元[illegible]

付 又 代船 元弍[illegible]

付 又 及 同记洋杉 [illegible] 元五拾弍元

付 又 财仁 又 [illegible] 元壹百叁拾四[illegible]

付 又 [illegible] 又 [illegible] 元壹百四拾[illegible]

通燧開會紀聞

四月八九兩日天生港通燧火柴軸木公司前日假座通崇海泰總商會開會一節已略誌本報茲聞是日到會者數十人（甲）籌備情形（報告略）（乙）通過章程其組織之大概如下總理協理經理以下分三部一會計所附庶務股二營業所附物料股批發股三製造所附軸木股火柴股匣片股（丙）公舉總協理經理各一人張退公當選爲總理張嗇公協理周季諴爲經理（丁）公舉董事七人監察二人董事爲劉烈卿馬尃五劉季明顧伯言呂鹿笙張作三于香谷監察二人爲蕭滌青張樹源（戊）議決已認定股分計二十三萬餘元不分期限一律於舊歷三月內交總商會會計股照收散會

图为1920年4月14日《通海新报》刊登的《通燧开会纪闻》，报道通燧火柴公司4月8日、9日借用通崇海泰总商会场地开会的情况。

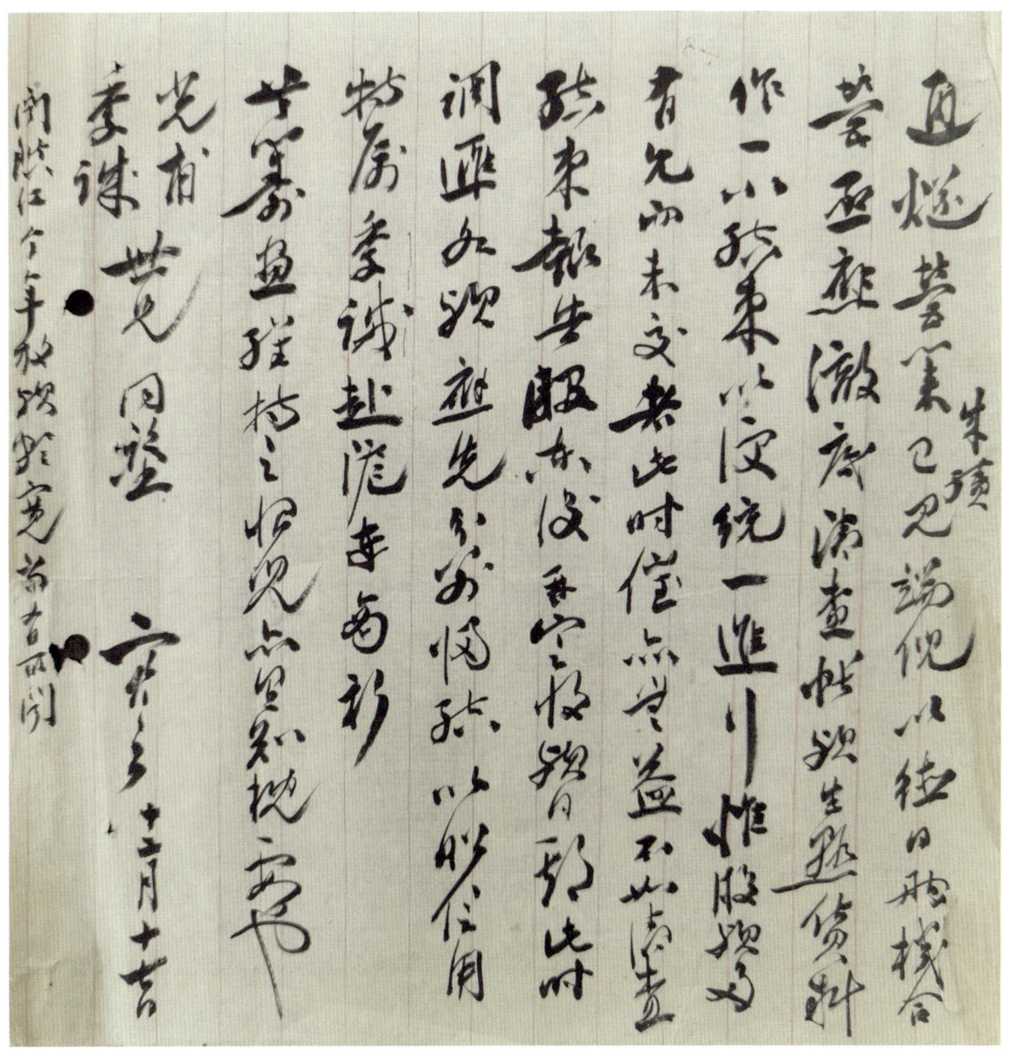

1920年12月17日，张謇致函上海商业储蓄银行陈光甫和大生驻沪事务所吴寄尘，委托二人协商解决通燧火柴公司调款归还事宜。图为函件原文，原件藏于南通市档案馆。

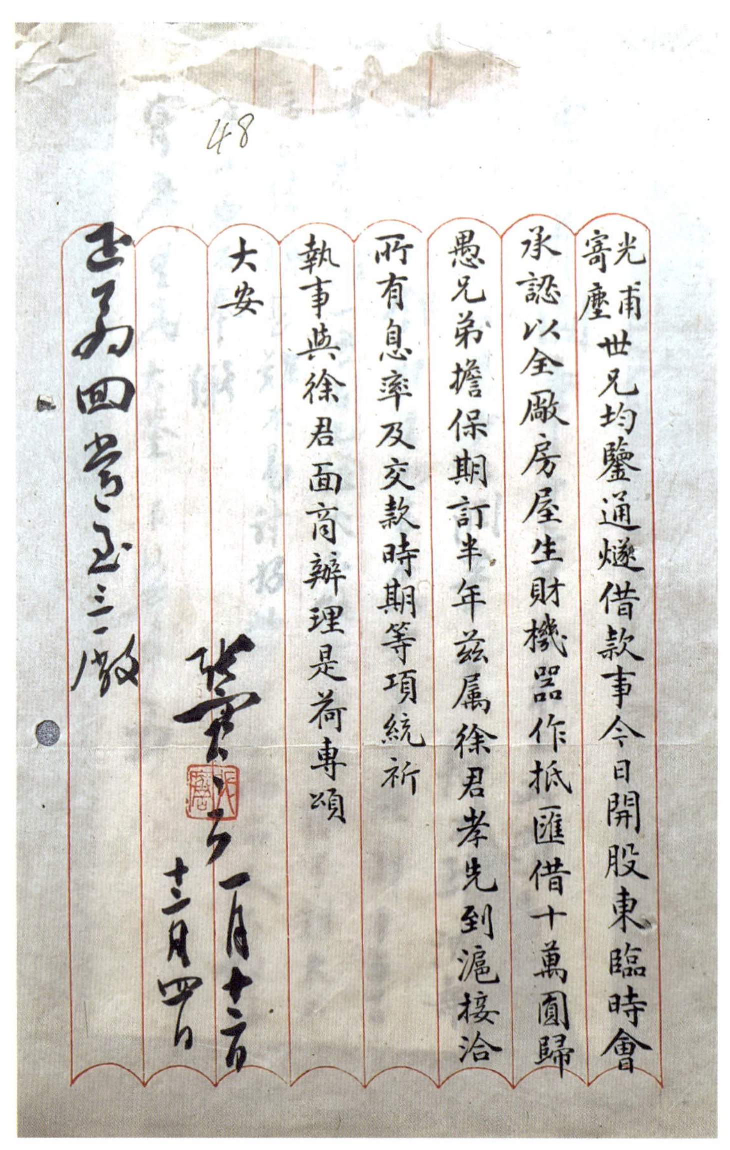

光甫
寄塵世兄均鑒通燧借款事今日開股東臨時會
承認以全廠房屋生財機器作抵匯借十萬圓歸
愚兄弟擔保期訂半年茲屬徐君孝先到滬接洽
所有息率及交款時期等項統祈
執事與徐君面商辦理是荷專頌
大安
張謇 一月十二日
十二月四日

1921年1月12日，张謇致函陈光甫和吴寄尘，告知通燧火柴公司召开临时股东大会，以公司全部房屋、设备作为抵押，并由张謇、张詧兄弟担保，向上海商业储蓄银行借款10万元。图为函件原文，原件藏于南通市档案馆。

通燧火柴公司啓事

敬啟者本公司准於夏歷四月十三日下午二時假座城南別業開股東大會報告第一屆帳略除通函外特此聲明即請 早臨爲荷

通燧公司股東會通告

本公司定夏歷八月二十五日在通州城內總商會舉行股東大會屆時務祈與股 諸君早臨共商進行事宜敬此佈聞 通燧公司啟

1921年5月10日、9月16日,《通海新报》分别刊登通燧火柴公司召开股东会的启事和通告。图为启事(左图)与通告(右图)。

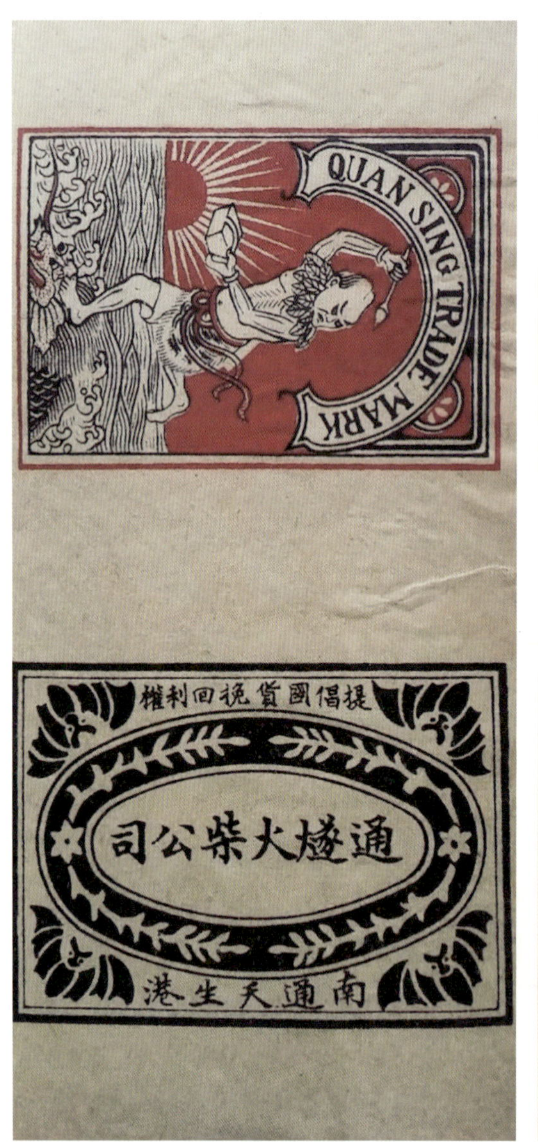

QUAN SING TRADE MARK
提倡國貨挽回利權
通燧火柴公司
南通天生港

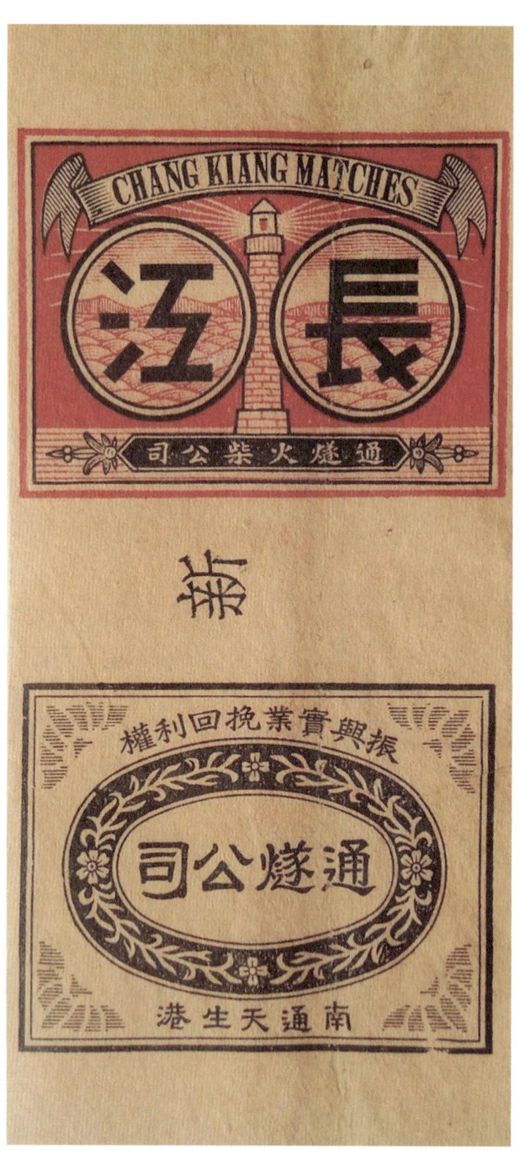

CHANG KIANG MATCHES
長江
通燧火柴公司
振興實業挽回利權
通燧公司
南通天生港

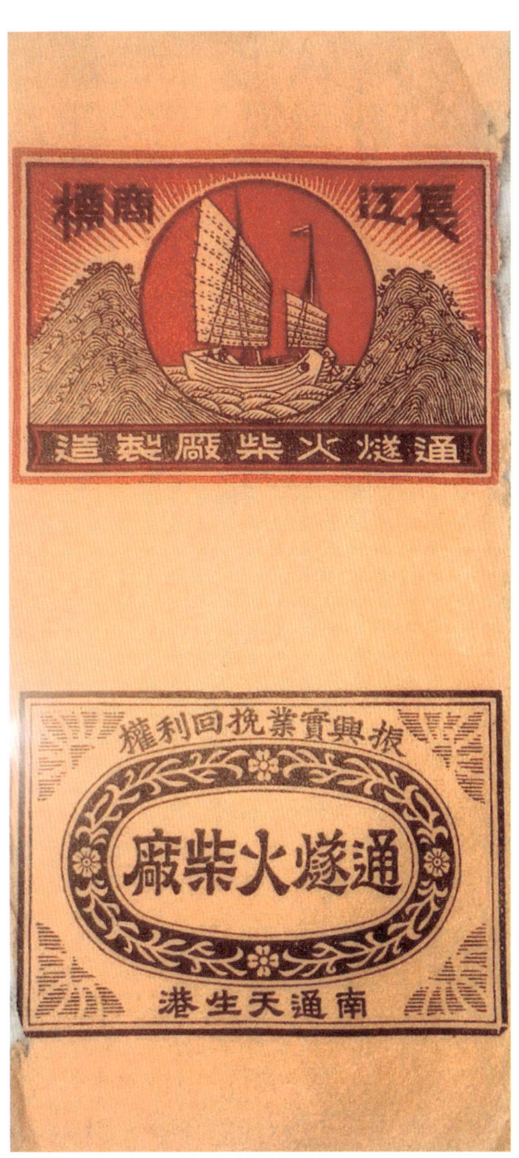

通燧火柴公司所产火柴的商标有南通、织女、长江、狼山、古钱、麒麟等。图为通燧火柴公司所产火柴的部分商标图样。

▲通燧債團消息　通燧火柴公司債權團、於本日(二十二)假總商會開會、各銀行錢莊代表到者甚多、公決請陳明輝君組織清理處、將賬目結算、再議進行辦法、聞該公司出品、銷售鎮·寧·蕪·漢及江北各縣、營業尚稱發達、惟內部組織不甚妥善、以致暗耗蝕鉅、虧折有十餘萬之多云、

图为1922年2月25日《申报》刊登的《通燧债团消息》，报道通燧火柴公司亏损达10余万，债权团于2月22日开会，决定成立清理处。

通燧復記火柴公司啟事

本公司集資向淮海銀行暫訂條件租用天生港火柴機器及廠房製造火柴改加復記牌號所有以前通燧火柴廠人欠欠人款項概與本公司無涉特此聲明

130號

图为1924年12月23日《通海新报》刊登的《通燧复记火柴公司启事》，通燧复记火柴公司租用原通燧火柴公司厂房和设备制造火柴，这些厂房和设备的产权归淮海实业银行所有。

自行建設乙方無力承担其擴張製造之箱額租金自
應免除
一甲乙兩方各有之建設物將来如有交涉依物権法公平
處理之但乙方所有建設物如須出售時得公平估價由
甲方儘先備價承受之
一租期内房屋機器生財之修理費由甲乙兩方平均負
担
一各種火柴商標均歸執營業權之甲方自行設置註
冊管業乙方不加顧問
一現當各業衰落之際復興實業有利於貧民生計
乙方對於甲方應盡量維護遇事充分予以便利俾甲方
營業得以持久而造福於地方蓋雙方猶唇齒之相依不
可偏廢此則締結本約之要旨也

民國拾捌年八月　日立租約合同

淮海實業銀行
通燧振記火柴廠
見證戴慶揚

立租約合同 通燧振記火柴廠（簡稱甲方）淮海實業銀行（簡稱乙方）茲因甲方有意製造
火柴事業特集合資本組織振記火柴製造廠承租乙
方受抵之前通燧火柴公司房屋機器生財全部以作製
造場所藉與實業以利地方雙方商定租約條件於后互
相遵守特立此租約合同為證
一甲方經營火柴事業承租乙方火柴梗片兩部房屋機
器為製造場所由甲方自行呈請註冊立案永久營業
一甲方經營火柴製造廠乙方承認其有永久性質使無
所顧慮得於產銷方面力求發展故對於租賃乙方房
屋機器不受年限約束甲方如無違約情事乙方不
得藉端要求退租
一甲方認給租金以製造火柴箱數為標準每箱應
交乙方洋叁角正於每年年終結算之但自後乙方
得酌量情形向甲方要求增加租金至多以每箱洋
五角為限
一乙方房屋機器就現有設備估計每年能製火柴約

1929 年 8 月，通燧振记火柴厂与淮海实业银行签订租赁合同。通燧振记火柴厂承租淮海实业银行受抵的通燧火柴公司的资产，并有权使用通燧火柴公司的各类火柴商标。图为合同原文，原件藏于南通市档案馆。

1953年，淮海实业银行拥有的经营性资产主要是原通燧火柴公司的厂房和设备。图为淮海实业银行大楼。

淮海實業銀行
HWEI HAI INDUSTRIAL BANK

经淮海实业银行临时管理委员会私股股东代表、通燧振记股东代表申请，1955年8月13日，通燧火柴公司实行公私合营。图为通燧火柴公司。

19世纪末，电力的生产和使用，使得社会生产力产生了重大飞跃，并引发了第二次工业革命。张謇十分关注世界范围的技术创新和产业应用，他积极引进电力人才、技术和设备，『冀资借镜而求进步』。

第四章

『水源不竭之处，用电力机尤宜』

——天生港电厂

1875年，巴黎北火车站建成世界上第一个电厂，主要为附近照明供电。1882年，英国人在上海创办中国第一个电厂，为外滩的15盏路灯供电。南通有电灯是从1899年开始。当时，在大生纱厂内，用纱厂蒸汽引擎拖动发电机发电，供厂内照明。

张謇十分关注世界范围的技术创新和产业应用，1913年，他了解到，英国部分纺织业使用电气动力代替蒸汽动力，发展日新月异，随即安排人员去英国考察相关企业，"冀资借镜而求进步"。1919年，德国工程师高翕来南通游说建造电厂，引起了张謇的浓厚兴趣。1919年夏，张謇安排吴寄尘研究在天生港建设大型火力发电厂的可行性。选址天生港，主要是考虑天生港取水和运煤方便，且距离唐家闸比较近，电力输送便利。

1919年12月1日，张謇任命高翕担任拟建电厂的顾问，并着手在欧洲进行设备考察。1920年4月17日，张謇亲自致函西门子公司，决定订购其汽轮发电机。5月26日，与西门子公司签订合同，购买2台3200千瓦的汽轮发电机及配套设备，合同总价30.2万美元。1920年9月，与拔柏葛锅炉公司签订合同，购买4只锅炉及附件，总价4.5万英镑。张謇提议募集南通县自治公债200万元，用于天生港电厂等项目的建设。公债于1921年1月1日正式发行。

1921年春，天生港电厂基建工程在天生港大达后街开工。1921年10月，天生港电厂各种设备进入密集交货期，物料厅、机器房、烟囱等用房也已动工。据1922年3月14日《申报》报道，天生港电厂"约夏历四月间开始送电"。

筹建天生港电厂的1919年和1920年，大生纱厂利润率为90%左右，资金充沛。1922年，大生纱厂及相关企业陷入困顿，债台高筑，已无力拨款支持天生港电厂的建设。1922年4月2日，南通县自治会召集联席会议，说明因灾歉影响，经费万分支绌，决定将公债改作对天生港电厂的投资，天生港电厂改为有限公司形式。

为使天生港电厂建设继续推进，张謇亲自与经销商斡旋，并辗转于各银行间，希望能够渡过难关。1922年6月1日，张謇致信西门子洋行买办管趾卿，打算暂时出让发电机一座，希望以此赢得转机。据黄友兰晚年回忆，张謇后来因年老力衰，个人信誉不及昔日，求借无门，电厂被迫停办。

1925 年，大生第一纺织公司的债权人上海银团派李升伯到南通，考察其经营情况，寻求解决债务问题的方案。李升伯到南通后，在张謇安排下进行了参观。其后，他制定了一个厂务改革计划，“设立天生港大电厂减轻动力费用”为其中重要举措之一，得到张謇的认可。张謇的设想与李升伯的改革计划不谋而合，成为复兴企业的重要战略构想。

1926 年，大生第一纺织公司的经营状况略有改善，张謇曾考虑重建天生港电厂事宜，安排黄友兰往日本调研。然而，73 岁的张謇壮志未酬，于当年 8 月 24 日病逝。天生港电厂建设事宜由此搁置。

其后，在李升伯等人的推动下，天生港电厂重建工作被提上日程。1931 年 3 月，天生港电厂负责人黄友兰撰写《重建南通电厂计划书》，对重建提出了两点建议：一是十年前订购的设备已经落后，建议另行购买新式设备；二是原先建设的厂基与新式锅炉承重不匹配，建议迁址重建。黄友兰的意见很快得到了采纳。1931 年 11 月，黄友兰对江边岸线进行测绘，决定另选天生港码头西侧、占地 30 亩的芦苇滩作为新厂基。

随即，天生港电厂主要设备的采购工作启动。经过多轮洽谈，准备购买德国蔼益吉中国电气公司 5000 千瓦汽轮发电机一座，计价 4 万美金；英国拔柏葛锅炉公司锅炉 2 只及附件，计价 2.25 万英镑。经洽谈，先付定金，尾款分 24 个月付清，以天生港电厂全部财产作为抵押，由金城银行进行尾款担保。

1931 年 11 月 28 日，大生第一纺织公司召开年度股东会，会上提出“规建电厂”议案。经理李升伯提交了详细的书面意见，认为通过建设新式电厂可以极大地提升生产力，大生第一纺织公司用电之外的剩余电力分给其他工厂及电灯公司使用，可获丰厚利润。股东会表决通过了该方案，同意建厂。

天生港电厂第二次建设由此进入实质性阶段。主要负责人员基本沿用 1921 年的老班底。1932 年 12 月 5 日和 28 日，大生第一纺织公司先后与德国蔼益吉中国电气公司、英国拔柏葛锅炉公司签订订货合同。1932 年 12 月 31 日，与金城银行签订电厂机价担保合同。第二年又在国外订购输电钢杆铜线及配电所设备。

1933年2月，天生港电厂购置“通靖”轮步西码头土地30亩，动工建设新厂房，委托高鉴经营的上海扬子建业公司试桩并设计、监督全部土木工程。开工之初，先要打桩填泥，南通地处长江下游，地质松散，江底全是浮沙，这就极大增加了工程的技术难度和工期，直到8月份才完工。随即开始厂房建设。进水室是电厂重要的基础设施，但因江底流沙变化莫测，工程进展十分困难，经过5次尝试，终获成功。1934年7月，进水室与厂房等工程同时完成。

1933年6月，购置的锅炉机件、输电线路等陆续到场。8月开始设备安装，锅炉安装由上海大宝厂承包。1934年3月架线工程完成，架设22000伏输电线路17余公里。汽轮发电机组由三艘民船运载，航行至上海吴淞口时遭遇台风，其中一船翻沉江底，船上所载机器后运返德国修理。1934年4月，返修的电机及配电板等全部运到，由德国西门子公司派技术员指挥、大生纱厂和副厂抽调技工施工。6月，全厂机械、输电线路暨各配电所同时装竣，随后依次检验试机。1934年12月，天生港电厂正式竣工发电，此后，大生纱厂、大生副厂等一律改用电力。通明电气公司也不再自行发电，改向天生港电厂买电转售，并开始日夜供应电力。

在施工的同时，天生港电厂积极向当时的主管部门建设委员会申请注册备案，于1933年10月24日获准备案。天生港电厂建成后，于1935年2月12日获得建设委员会颁发的电气事业执照，准予营业，厂名定为“大生第一纺织公司天生港电厂”。

123

五月十八日 錄 嗇公致交涉使函

安生仁兄大鑒 商業競爭紡織尤亟 泰西紡織近均改用電
力日新月異此時有發明 南通州大生紗廠辦理雖薄有成效但
處此時代不事精研焉能持久 茲派定郁君芑生秦君亮
夫前往英倫各廠考察 冀資借鏡而求進步 惟途中經過西
比利亞 聞俄警稽查甚嚴 懇請 尊處給發護照各壹紙即由
擲交福佑門外該廠駐滬帳房 俾令持往駐滬俄領事署簽字
後然後啟行 庶途中可無阻滯 即將來歸期或有先後 各有一
紙亦便取攜 瑣瀆之處 實紉公誼 專肅

张謇十分关注技术创新和产业应用，1913年，他了解到英国纺织业由蒸汽动力改用电气动力，随即安排郁芑生、秦亮夫去英国考察相关企业。图为张謇为了两人顺利通过海关写给交涉使的信函（抄件），原件藏于南通市档案馆。

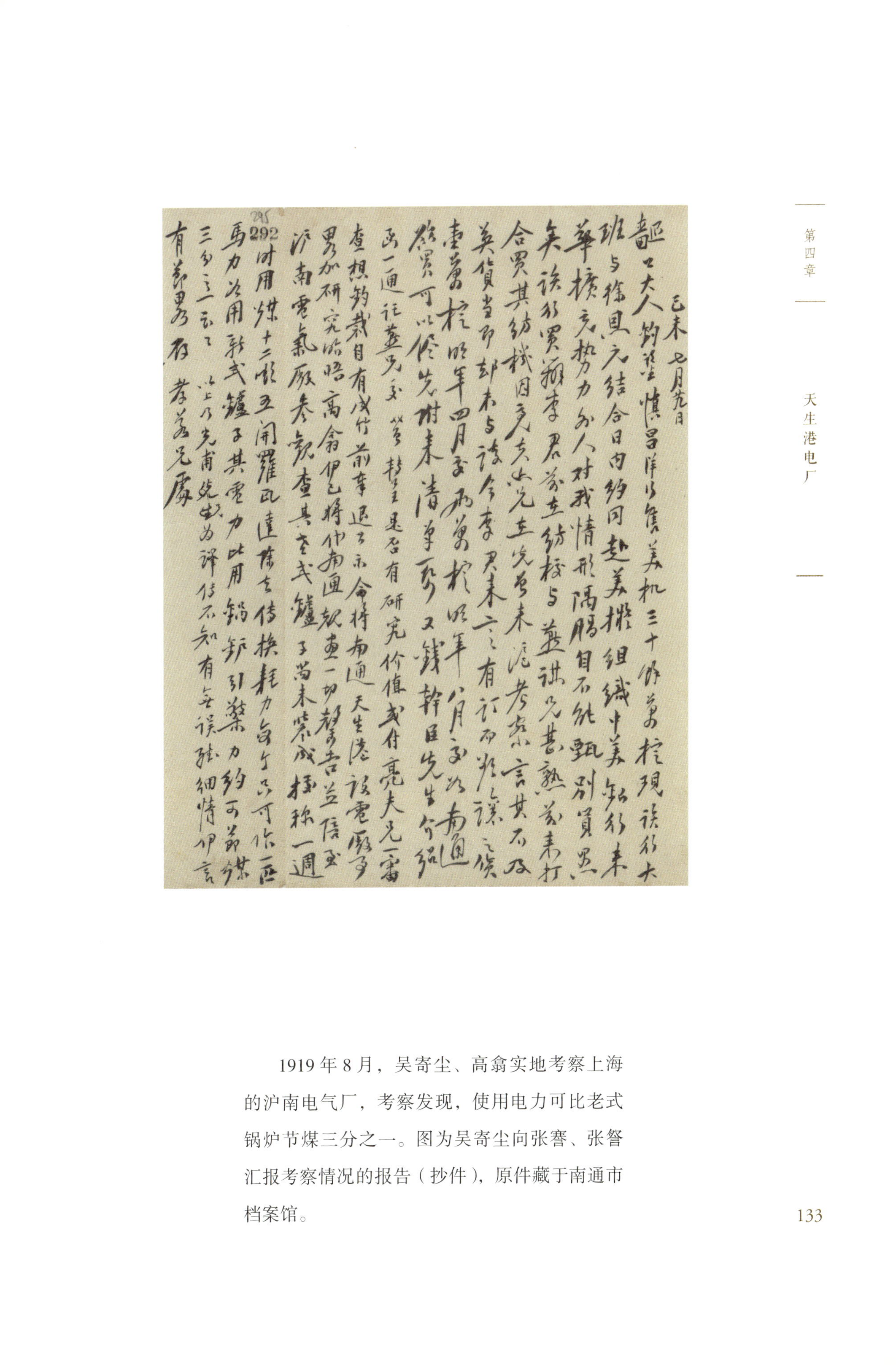

1919年8月，吴寄尘、高翁实地考察上海的沪南电气厂，考察发现，使用电力可比老式锅炉节煤三分之一。图为吴寄尘向张謇、张詧汇报考察情况的报告（抄件），原件藏于南通市档案馆。

附註

上表係月計改用電後每月省費洋廿九元全年以十二月計算
可省費洋三百四十八元上表每度電價係照電廠售電價目由緣
圖之規定估老廠共用電力一千三百四十啓羅華特計算因老
廠除將原有機器悉大馬力合電力八百四十啓羅華特改
用電力外尚有布機軋花機新加紗錠等亦決用電力
約共需五百啓羅華特若僅用八百四十啓羅華特則每度
電價需洋三分〇四毫若僅用五百啓羅華特則每度電
價需洋三分七厘八毫統以煤價每噸十四元合算如每噸
煤價漲落超出一元四角以外（即現價十分之一）則電價亦
可隨之增減

老厰引擎電力發動費用比較表

引擎發動　老厰報告

費別	每月洋數	説明
煤斤	一四九〇〇元	平均每日夜需煤三十八噸，每月以二十八日夜計算，月需一千〇六十四噸，每噸作價十四元
引擎人工	三五七元	以去年十二個月總數平均
鍋爐人工	三〇〇元	仝上
引擎物料	九二四元	仝上
鍋炉物料	五五四元	仝上
總數	一七〇三五元	

電力發動　電厰預算

費別	每月洋數	説明
機器電力	七六〇基羅華特	原有引擎馬力開至一千弍百匹，訂折算實用一千〇二十匹，因改用電力後輪帶消耗以及一切開停消耗皆可減省者
機器每月度數	五一〇〇〇〇度	照老厰报告以每日二十四小時每月廿六日計算
燈大電力	八〇基羅華特	照老厰報告內外共有電灯約四千盞，每基羅華特可燃電灯五十盞
燈大每月度數	二八八〇〇度	照老厰報告以每日十二小时每月廿日計算
機器燈大總度數	五三八八〇〇度	
每月總電費	一三九二六元	每度電價洋二分五厘八毫
人工機油	一四〇元	日夜四人每三十元共一百廿元，機油每月二十元

图为对大生纱厂（即文中“老厂”）进行的动力成本测算，发现如以电力取代蒸汽引擎动力，可明显降低成本。

大生纱厂对建设和运营大型火电厂的全套费用进行测算，以建设4000千瓦的发电机组为例，主要设备包括两台2000千瓦发电机、配套3只锅炉，考虑建设厂房和烟囱等，以及相关运输和安装费用，共需洋40万元。在运营阶段，考虑燃料、人工及维修成本，每月开支洋2.26万元。图为《肆千基罗华特发电厂预算》。

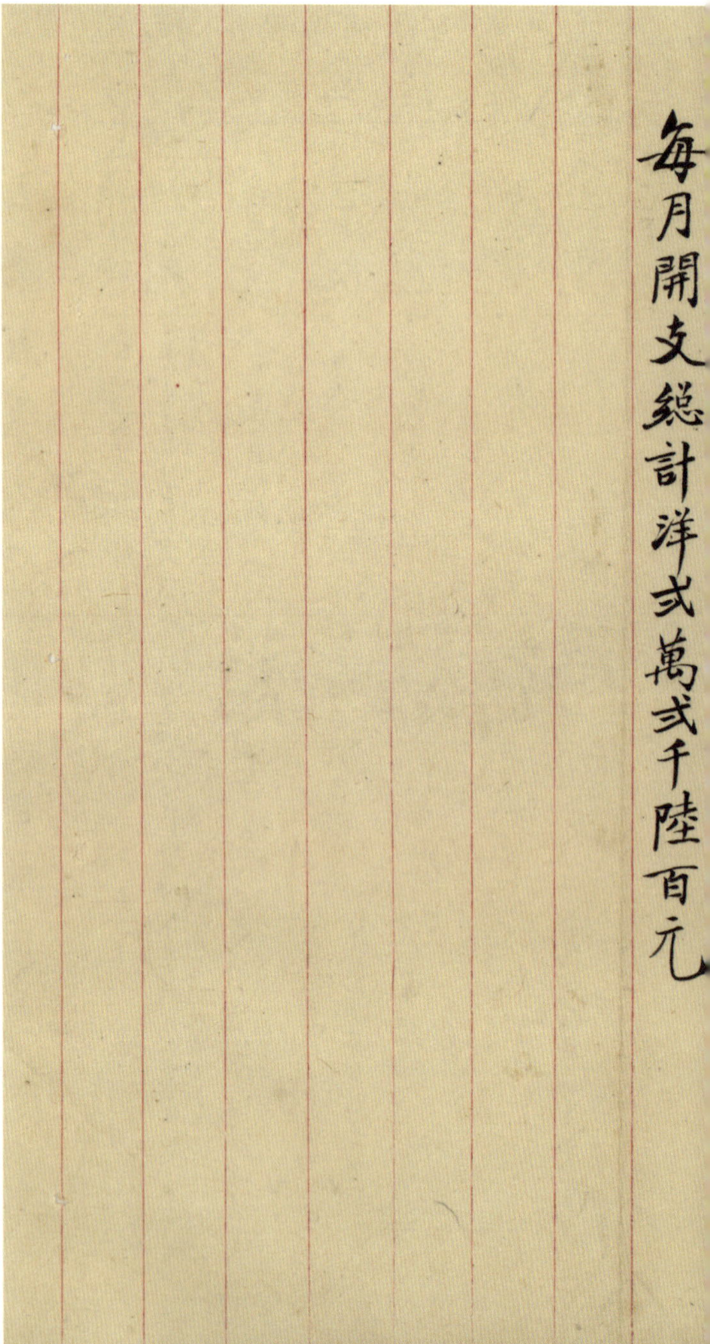

每月開支總計洋弍萬弍千陸百元

肆千基羅華特發電廠預算

名廠製造二千基羅華特透平（附凝汽機及配電石板全套） 二部 價洋拾捌萬元

名廠製造三千四百十方寸傳熱面積水管汽鍋（附發煤機四十八節及爐底加煤機三只） 三只 價洋拾萬元

廠房及烟囱（烟囱高在二百尺上） 洋捌萬元

運輸及裝置費 洋肆萬元

總價共洋肆拾萬元

每月開支表

項目		合總支百分數
一支機器及廠房官利	洋肆千元	一七·七
一支機器及廠房折舊	洋弍千元	八·八
一支職員及機工薪資	洋捌百元	三·五
一支煤價 每天五十噸每月以廿八日計 每噸價作十一元	洋壹萬伍千肆百元	六八·二
一支油及雜料	洋弍百元	·九

015 014

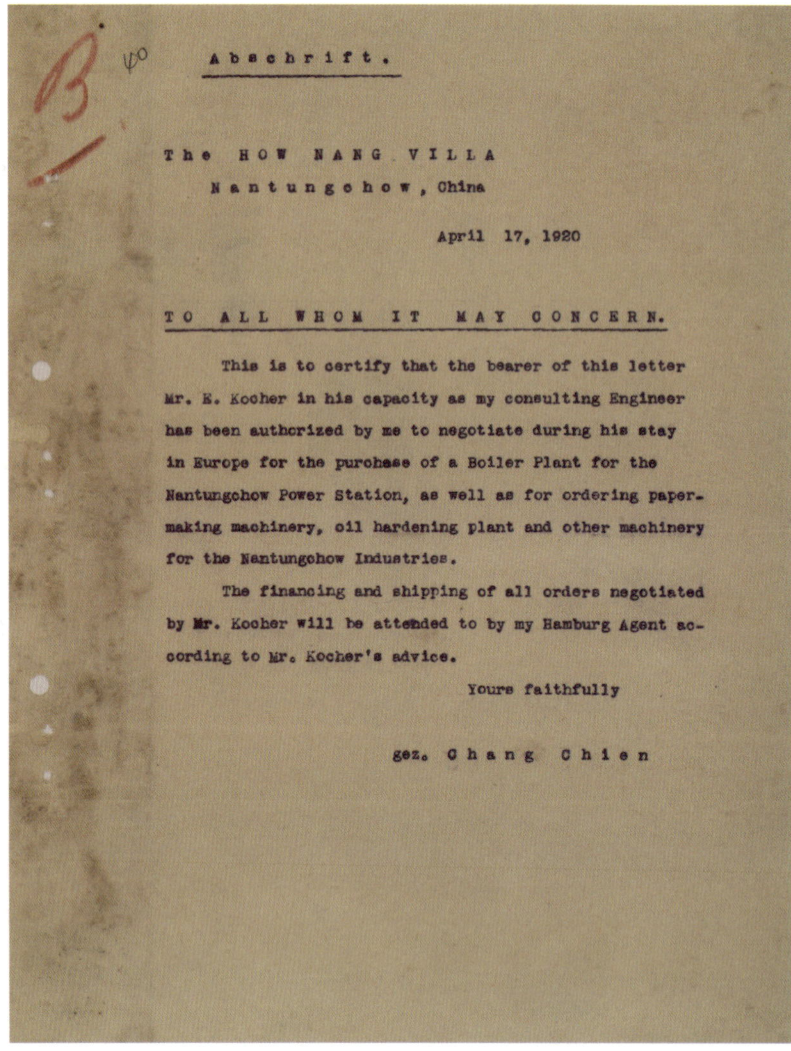

B 40

Abschrift.

The HOW NANG VILLA
Nantungchow, China

April 17, 1920

TO ALL WHOM IT MAY CONCERN.

This is to certify that the bearer of this letter Mr. E. Kocher in his capacity as my consulting Engineer has been authorized by me to negotiate during his stay in Europe for the purchase of a Boiler Plant for the Nantungchow Power Station, as well as for ordering paper-making machinery, oil hardening plant and other machinery for the Nantungchow Industries.

The financing and shipping of all orders negotiated by Mr. Kocher will be attended to by my Hamburg Agent according to Mr. Kocher's advice.

Yours faithfully

gez. Chang Chien

1920年4月17日，张謇出具书面授权书，授权高翕在欧洲洽谈天生港电厂设备采购事宜。图为授权书原文，原件藏于南通市档案馆。

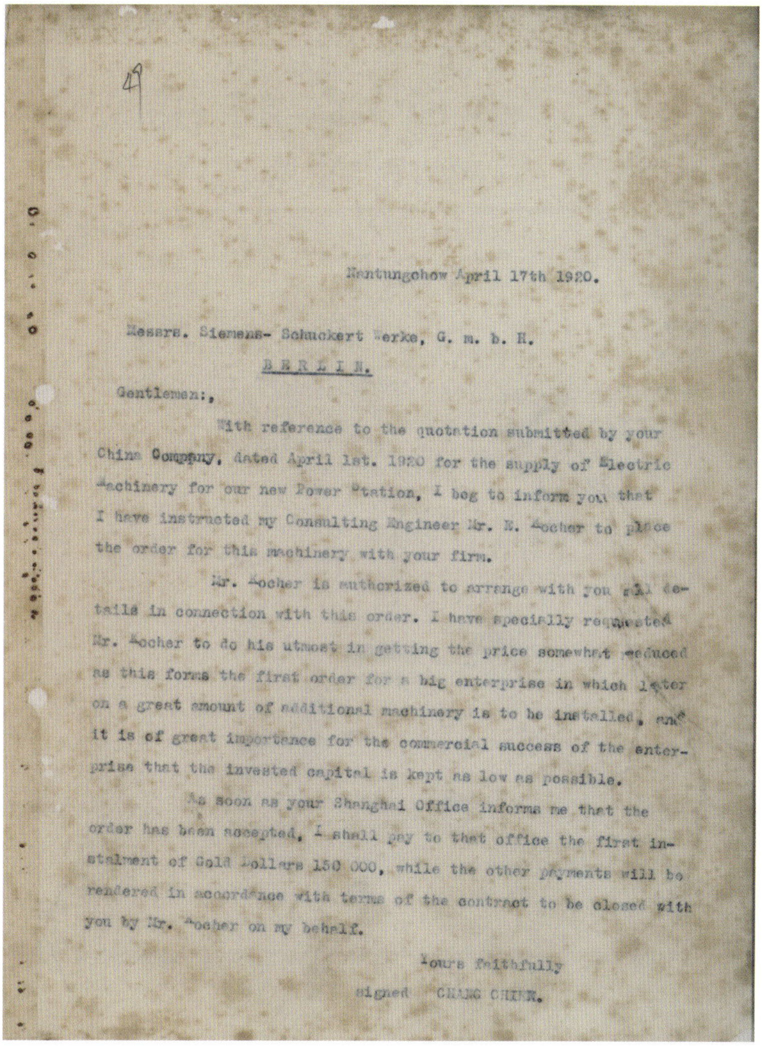

49

Nantungchow April 17th 1920.

Messrs. Siemens- Schuckert Werke, G. m. b. H.

B E R L I N.

Gentlemen:,

With reference to the quotation submitted by your China Company, dated April 1st. 1920 for the supply of Electric Machinery for our new Power Station, I beg to inform you that I have instructed my Consulting Engineer Mr. E. Kocher to place the order for this machinery with your firm.

Mr. Kocher is authorized to arrange with you all details in connection with this order. I have specially requested Mr. Kocher to do his utmost in getting the price somewhat reduced as this forms the first order for a big enterprise in which later on a great amount of additional machinery is to be installed, and it is of great importance for the commercial success of the enterprise that the invested capital is kept as low as possible.

As soon as your Shanghai Office informs me that the order has been accepted, I shall pay to that office the first instalment of Gold Dollars 150 000, while the other payments will be rendered in accordance with terms of the contract to be closed with you by Mr. Kocher on my behalf.

Yours faithfully

Signed CHANG CHIEN.

1920年4月17日，张謇致函德国西门子公司，决定订购其发电设备，并希望西门子公司能考虑到天生港电厂处在初创阶段，资金投入很大，订购发电机又是电厂第一笔交易，在价格上给予优惠。图为函件原文，原件藏于南通市档案馆。

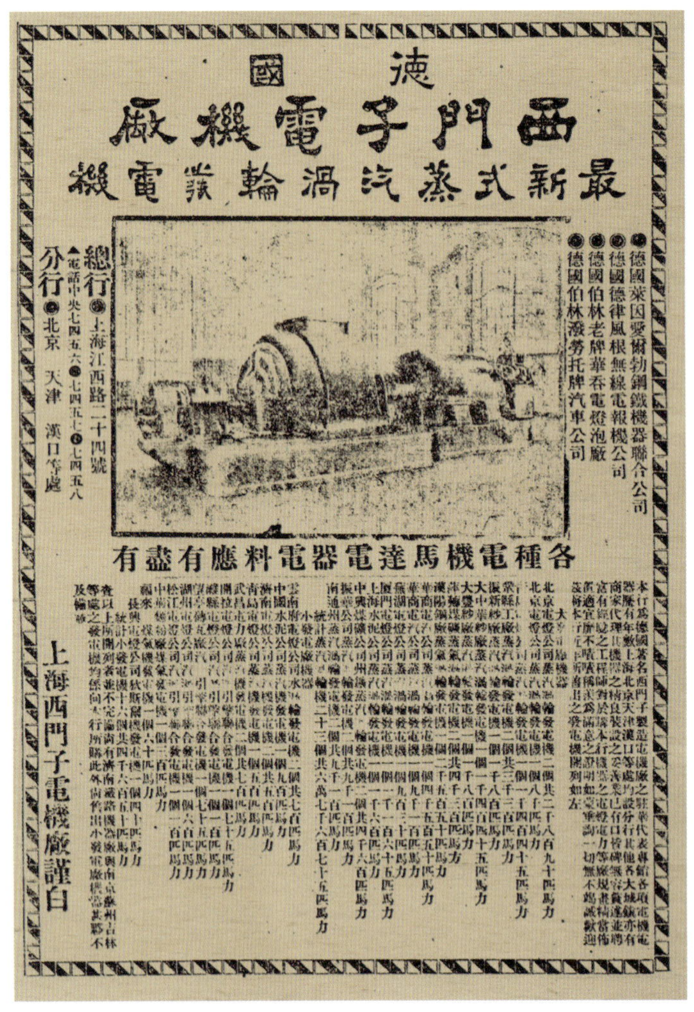

德国西门子公司是当时欧洲著名的汽轮发电机生产商，其产品是中国引进的主流设备。当时，中国国内使用千匹马力的西门子蒸汽涡轮发电机的“大发电厂”，计有北京电灯公司（3 台共 10890 匹）、青岛电灯公司（1 台 1445 匹）等 14 个厂 21 台机组。可见，在 20 世纪 20 年代南通所订的 3200 匹发电机组已经是当时比较成熟的主流设备。图为 1923 年 4 月 6 日《申报》刊登的西门子发电机广告。

June 12, 1920 MILLARD'S REVIEW 71

NANTUNGCHOW

"The Model City of China"

Located on the north bank of the Great Yangtsze River, 100 miles from Shanghai in the heart of the fertile Yangtsze River valley.

Population of city
150,000

Population of district
1,500,000

Some of the outstanding features of Nantungchow and the Nantungchow district are:

1—Center of the great "Tungchow" cotton district, the best grade of cotton in China. Production more than 1,000,000 bales annually.

2—More than fifty miles of modern roads, much of which is now being rock-surfaced.

3—Cotton and Sericulture Experiment stations and schools of instruction.

4—Modern agricultural college with 126 students who do practical work under supervision of foreign-trained teachers.

5—334 separate schools with more than 20,000 students.

6—Two modern cotton mills with 60,000 spindles, 500 looms and 3,000 operators.

7—Modern cotton-seed oil mill which provides a surplus for export.

8—Five modern banks and eight native style banks.

9—One match factory, one flour mill, one silk filature, one iron foundry, one electric light plant and a direct steamer line to Shanghai and other points.

10—Modern office building in Shanghai with modern banking facilities.

11—Maintains the "Nantoon" Chinese embroidery, lace and needlework shop Fifth Avenue, New York City.

New enterprises for the district include hundreds of miles of new roads, the total expenditure for this purpose being in excess of $300,000; seven new cotton mills; new electric light and power plant; coal mine development to supply the industries of the district; an extensive reclamation project to reclaim thousands of acres of land from the overflow of the Yangtsze River.

Visitors are always welcome at Nantungchow. There are two comfortable hotels. Lang-shan Mountain, one of the five sacred mountains in the district, is a beauty spot almost impossible of description. There are hundreds of beautiful temples and shrines and a beautiful pagoda gives a view of the district unexcelled in the Orient. Persons desiring further information regarding Nantungchow or the Nantungchow district are requested to address—

THE CHAMBER OF COMMERCE

Nantungchow, Kiangsu Province,

CHINA

1920年6月12日，南通商会在上海的《密勒氏评论报》刊登南通城市广告，文中提到，南通现在已经有1个电灯厂，未来该地区的规划项目包括数百英里的新道路、7家新棉纺厂、电厂及一项大规模的填海工程。可见，“新建发电厂”是当时南通的重要建设项目之一。图为广告原文。

南通

▲募集縣公債之動議　張謇公提議募集縣自治公債二百萬元、俾購置公共汽車、創辦玻璃廠、電廠等各項公用、已由自治會議決、付審查、其利息定週年六釐、二十年還本、將來勸募之法、擬大區七萬、小區三萬云、

张謇提议南通县募集自治公债200万元，用于购置公共汽车，创办玻璃厂、电厂等事业，南通县自治会同意发行该公债。图为1920年11月26日《申报》刊登的《募集县公债之动议》，介绍南通县募集公债的情况。

▲實業界消息彙聞

電廠建設事宜現由新聘來通之德國工程師擔任籌畫其經費刻由張退庵二公暫措俟地方公債募集足額後歸還聞已向德國訂購四千匹馬力電機全部預計明年五月運到

图为 1921 年 1 月 13 日《通海新报》刊登的《实业界消息汇闻》，介绍电厂建设相关事宜：电厂建设由新聘任的德国工程师负责筹划，经费由张謇、张詧暂时代为筹措，已经向德国订购的发电设备预计于 1922 年到货。

007 006

利息票貼 洋叁千弍百拾六元九角六分乚厘
元陸萬玖千玖百陸拾兩○分七分八厘

福食 洋叁千叁百拾玖元玖角玖分肆厘

薪工 洋弍萬○陸百拾弍元捌角九分

雜支 洋肆千壹百肆拾柒元五角五分五厘

計開

雜用 洋叁千弍百八十四元六角四分七厘

川資 洋九百七十元○叁角六分

車資 洋四百五十五元五角七分三厘

郵電 洋弍百五十五元八角九分五厘

酬應 洋壹百八十一元○八分一厘

電燈裝置 洋柒百陸拾壹元肆角肆分肆厘

售料損失 洋壹萬弍千柒百叁拾壹元八角九分壹厘

測量費 洋弍百叁拾弍元肆角五分八厘

存現 洋陸拾壹元捌角叁分叁厘

生財 洋壹千玖百五拾弍元叁角肆分乚厘

存料 洋叁千○陸拾五元玖角玖分

欠款 洋弍千柒百弍拾叁元八角九分九厘
元壹千弍百弍拾壹兩五エ弍分五厘

兑換 洋拾五萬柒千捌百柒拾捌元壹角八分九

臨時堆棧損失 洋壹千肆百叁拾玖元捌角三分八厘

辦事房 洋壹萬五千弍百肆拾元八角二分七厘

009 008

物料 洋壹萬弍仟七百廿五元八角九分七厘
工資 洋弍千五百拾四元九角三分

物料所 洋壹萬壹仟叁百拾玖元弍角

物料 洋玖千四百○乚元六角
工資 洋壹仟九百拾柒元六角

機械房 洋壹仟肆百陸拾壹元○七分五厘

物料 洋壹仟弍百五十五元四角三分
工資 洋弍百○五元六角四分五厘

廠房 洋玖萬柒仟肆百○叁元七角乚分五厘

物料 洋玖萬四千九百卅一元弍角乚分
工資 洋弍千肆百七十弍元五角○五厘

平房 洋肆仟五百捌拾五元叁角九分九厘

物料 洋叁千柒百五十七元六角三分九厘
工資 洋捌百弍拾柒元七角六分

烟囱 洋壹萬五千弍百陸拾柒元三角二分二厘

物料 洋壹萬四千七百四十六元八角六分八厘
工資 洋五百弍拾元四角九分四厘

厠所 洋五百柒拾玖元九角弍分乚厘

物料 洋叁百七十三元三角乚分六厘
工資 洋弍百○六元六角○五厘

共付 洋叁拾玖萬陸千○叁拾捌元柒角柒分弍厘
元叁拾陸萬弍千叁百捌拾五兩壹錢四分乚厘

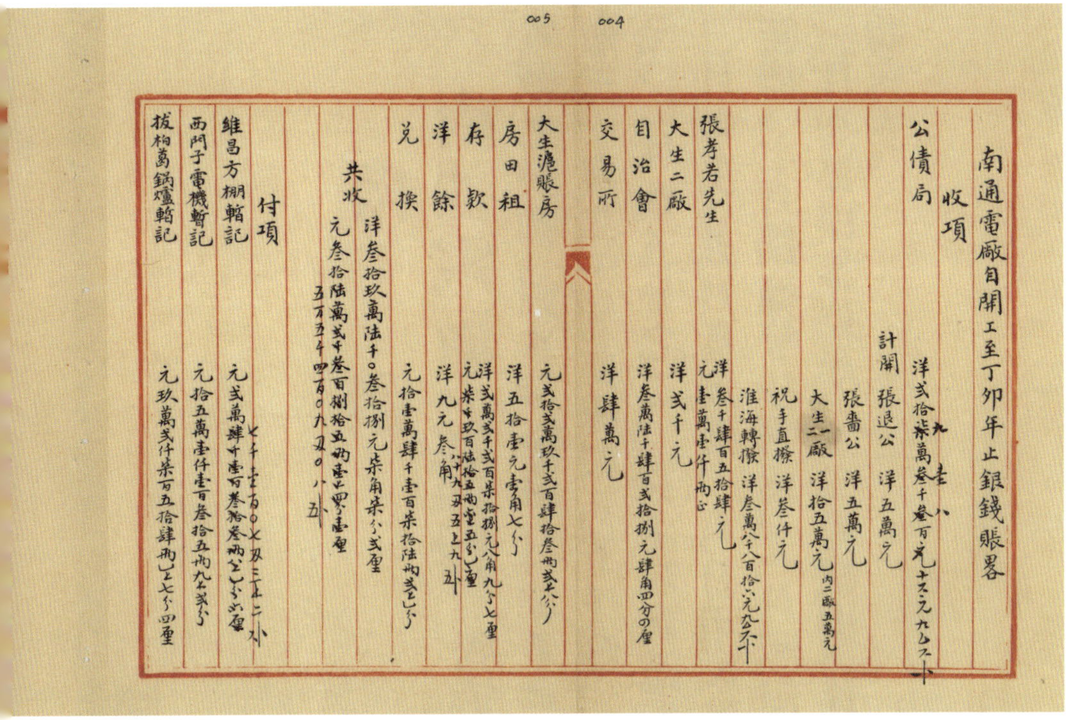

图为《南通电厂自开工至丁卯年止银钱账略》，从中可见，电厂的债券总共售出洋29万余元。其中，张謇、张詧各认购洋5万元，大生纱厂认购洋10万元，大生二厂认购洋5万元，淮海实业银行认购洋近4万元。南通自治会投入洋3.6万余元，大生沪帐房（驻沪事务所）投入规元近23万两，南通交易所投入洋4万元，张孝若个人也有投资。

南通

◎南通電廠之進行　張退嗇二公近有南通電廠之規劃，刻正積極進行，開電機鍋爐合同共計英金三十萬二千元英鎊四萬五千镑，約合國幣八十萬元，已付欵五分之二，茲將該廠進行程序探錄如下，三月動工，五月電機到，六月引擎帝建築竣工，動手裝機，七月鍋爐管子到通，八月廠屋完工，裝鍋爐，十一月全部機器裝畢，十二月試機，民國十一年一月開始送電。

图为 1921 年 3 月 3 日《新闻报》刊登的《南通电厂之进行》，介绍电厂预定的工程进度：1921 年 3 月开工，5 月发电机设备到货后 6 月进行安装，7 月锅炉到货后 8 月安装，11 月全部机器安装完成，12 月试开机，1922 年 1 月开始送电。

▲電機已到

唐閘區天生港電廠應用之機器由申運至[illegible]共載有三船已經先後抵港刻正將各件搬運登岸安置廠內云

图为1921年10月25日《通海新报》刊登的《电机已到》，介绍天生港电厂机器到货情况：三船机器已经由上海运到南通，正在进行设备卸货和安装。

△公債改入電廠

南通地方公債計數二百萬元茲經縣自治會議決改撥電廠惟查發行期內領票而未繳欵者甚多刻已由文書部通函各戶限陽曆年內措交現銀換取電廠新票以清手續云

图为1921年12月30日《通海新报》刊登的《公债改入电厂》，介绍电厂公债募集情况：南通地方公债计划发行200万元，南通县自治会议定，该笔款项拨付电厂建设；债券发行期间，出现了不少领票而未缴款的现象，后通过发函告知购买者于阳历年内缴好款项并办理相关手续。

▲南通電廠之近聞

南通商務之發達近年來有增無已而電廠之建設已刻不容緩縣自治會已有議案爲公共營業之一續因募集南通公債數未能足祇募得洋六十萬元即劃歸南通電廠股本建築廠屋現在工程將屆圓滿聞外洋所購之鍋爐各件已分運到廠聞正在裝置中云

图为1922年1月7日《通海新报》刊登的《南通电厂之近闻》，介绍天生港电厂建设进展：南通工商业发达，推动了电厂的建设；南通县自治会决定募集公债，目前只募集到洋60万元；自外国进口的锅炉等设备已经运送到厂，正在安装中。

▲電廠開幕有期　南通自治會、鑒於地方工業漸興、頗需要電汽、以資運用、爰集資就天生港建築電廠、自去春興工以來、現已將次告竣、所購西門子廠三千二百基羅華特機、拔勃克廠汽管、鍋爐等件、早已運到、刻正分別裝置、約夏曆四月間開始送電、聞該廠營業預算、每年可盈五百萬元、

图为 1922 年 3 月 14 日《申报》刊登的《电厂开幕有期》，主要内容为南通自治会积极推动集资建造天生港电厂，自 1921 年春天动工以来，工程进展顺利，相关设备正在安装，预计电厂建成后，每年可盈利约 500 万元。

▲電廠工程之近聞

南通自治會以地方工業漸興頗需電汽以資運用爰集資就天生港建築特廠自去春興工現已將次告竣所購西門子廠三千二百基羅華特機拔勃克廠汽管鍋爐等件早已運到刻正分別裝配約夏曆四月開幕聞營業預算每年可贏五百萬元云

图为1922年3月21日《通海新报》刊登的《电厂工程之近闻》，内容为电厂工程进展顺利，预计夏历四月可以送电。

▲自治會開會紀　縣自治會於今午(三十一)召集理事暨各股委員開聯席會議、計到十九人、由張理事長孝若主席、當即起立發言、略謂本會之組織、原爲全縣優秀分子共謀振興地方自治事業起見、去秋因災歉影響、經費萬分支絀、致會務稍形停頓、刻各處大倡恢復縣議會、反對者亦屬不少、本會應仍抱初衷、積極進行云云、次公決事項如下、(一)實行裁員減薪、凡無事可辦之各股、應即停止、(二)關於城磚收支帳款、請易者卿審查、(三)地方公債改換電廠股票、應趕速清結、(四)環城馬路、由工程股即日雇工整理、(五)趙城新市場地基、由費範九・高觀四・薛郛生代各房東向台發局領照、然後興工、(六)理事會定明日(一號)下午二時舉行、

图为1922年4月2日《申报》刊登的《自治会开会纪》，介绍南通自治会开会情况：县自治会于3月31日中午召集理事暨各股委员开联席会议，19人到会；理事长张孝若介绍，去年秋天以来受水灾影响，经费筹措十分困难；会议决定“地方公债改换电厂股票，应赶速清结”。

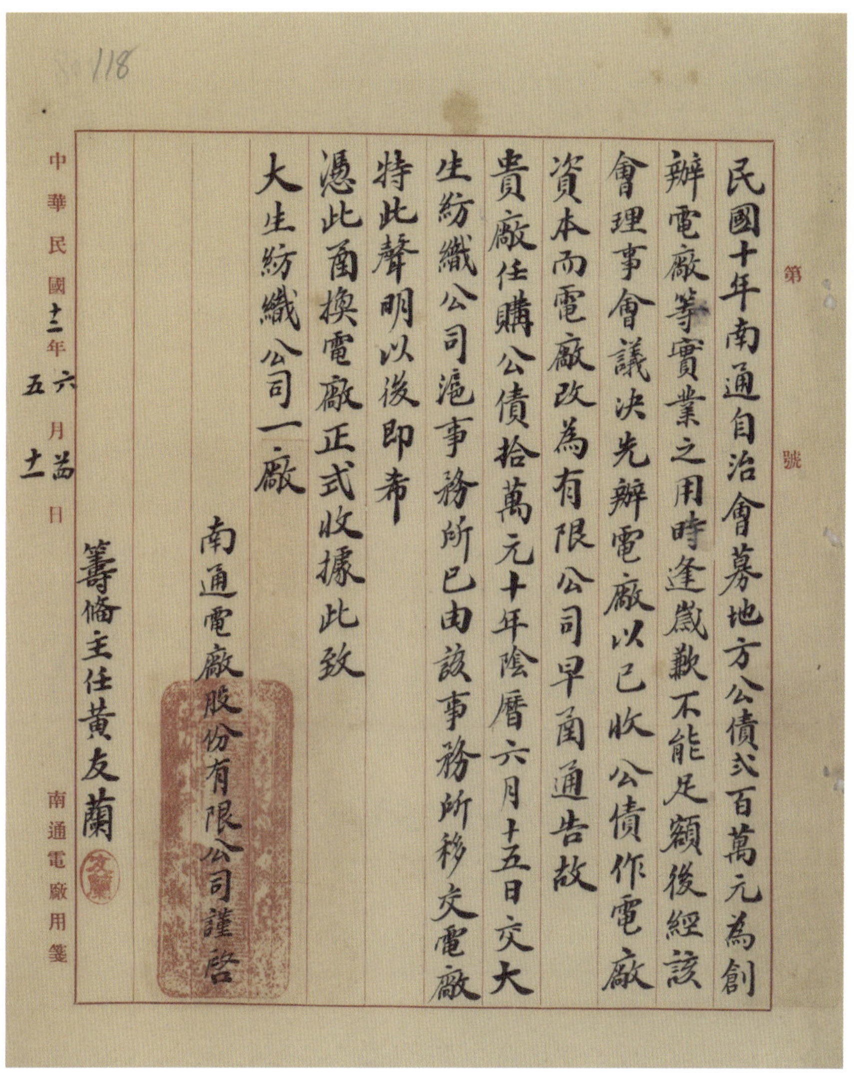

118

第　號

民國十年南通自治會募地方公債弍百萬元為創辦電廠等實業之用時逢歲歉不能足額後經該會理事會議决先辦電廠以已收公債作電廠資本而電廠改為有限公司早函通告故

貴廠任購公債拾萬元十年陰曆六月十五日交大生紡織公司滬事務所已由該事務所移交電廠特此聲明以後即希

憑此函換電廠正式收據此致

大生紡織公司一廠

南通電廠股份有限公司謹啓

籌備主任黃友蘭

中華民國十二年六月廿四日

南通電廠用箋

1923 年 6 月 24 日，黄友兰致函大生纱厂，告知南通县地方公债券 10 万元已移交电厂，改作电厂资本，凭此函可换取正式收据。图为函件原文。

013 012

二營業支出

官利 以基本金週年八厘起息 洋拾萬四千元

折舊 以房屋機器等价週年五厘計 洋陸萬五千元

流通資本弍拾萬元借息 以週息一分計 洋弍萬元

薪伙 洋叁萬元

物料 洋柒仟捌百元

煤叁萬噸 每噸十二元 洋叁拾陸萬元

雜支 洋弍千捌伯元

共計 洋伍拾捌萬玖千六百元

附注 以上預算以開三千二百基羅華特電機一部為標準其餘一部作為預備機

三營業收入

售電費 全年平均售電二千萬度電灯及電力每度平均售洋四分 洋捌拾萬元

收支兩抵淨餘紅利弍拾壹萬零肆伯元

按此預算淨利可獲約壹分六厘三毫

南通電廠預算 民國十一年九月

一 基本金

廠基 三十畝連填泥在內　洋壹萬元

廠房烟囪及邦浦間 皆鋼骨水泥建築　洋弍拾伍萬元

辦事房及棧房　洋叁萬壹千伍伯元

電燈裝置及生財　洋肆仟元

鍋爐 拔勃葛水管鍋爐四隻及喂煤機加煤機邦浦水箱全部汽管等計價四萬五千鎊已付一萬九千一百二十五鎊合銀九萬一千六百九十三兩餘以每鎊作銀六兩計算　洋叁拾肆萬弍仟元

電機 西門子三千二百基羅華特推朋電機二座及凝汽機分電板電燈變壓器計價三十萬二千美金已付十五萬美金合銀十五萬一千一百三十六兩餘以每七十五元作銀百兩計算　洋肆拾玖萬元

濾水器風扇及二十噸起重機　洋壹萬捌仟元

變壓器 二千基羅華特二隻六百二十五基羅華特二隻　洋肆萬壹仟弍伯元

二十五英里桿線　洋六萬元

機器運裝費　洋肆萬元

襍項　洋壹萬叁仟叁伯元

共計　洋壹伯叁拾萬元

图为 1922 年 9 月编制的《南通电厂预算》，全面测算和分析了电厂建设和运营的全套费用：建设 6400 千瓦的发电机组，主要设备包括 2 台 3200 千瓦机组发电机、配套 4 只锅炉，建厂用地 30 亩，建设厂房、安装设备及铺设 25 英里线路，总费用需要洋 130 万元；以先行建设一台 3200 千瓦机组测算，建成后年营业收入洋 80 万元，支出洋 58.96 万元，净利可获约一分六厘三。

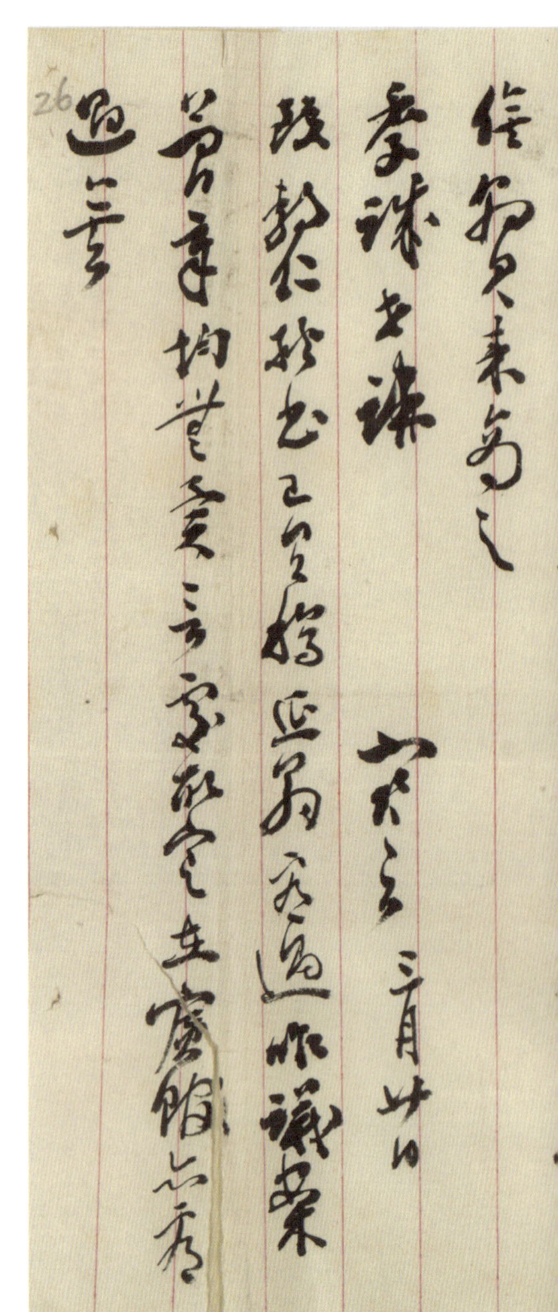

张謇写信告诉吴寄尘，“电有销路，电厂利厚，股不难集”。同时提醒他，工程近期需要的资金很大，股票不一定能立即跟上，必须大量借款，这方面要慎重考虑。图为张謇致吴寄尘函，原件藏于南通市档案馆。

大生一廠用電已可達電力銷數

電廠所存股不難集，唯西門子之電機〔撤迟〕〔拆〕

可不添，〔即〕須加本廿萬。〔若付名不用〕目前工程及料須五十〔目前須用十萬〕

萬。股未必遂得，然出於借，則數亦頗鉅，之

三百萬為必需之數，亦定注之之。

大生之首地廿二萬餘，欲作價二百萬者，實出

為無盡識之股東計，所可云存為貸户計

所可云尤存者，能於通十五元耳。大生首

〔工程八九百萬實亦則〕甚至讓工風不過三四年，讓工後每年

只可發給安發之值萬不平均營業出又

至卅五年之無可據者，投票見四百萬為定產〔十年必要〕

值錢之說尚度借之，不如盡棄也

只有二本

十一年六月一號致上海華發實業公司函

趾卿先生大鑒前年敝處向貴行訂購之叁千弍百啟羅華特拖朋兩座自去歲全數運抵上海後除一部份機械已由敝廠運通外尚有大部份因敝處廠屋未成迄未提運擱置時久虛耗棧租本屬非計頃承見示某處急需此類拖朋一座南通既不待用正可分出一座讓予先用以緩濟急寔屬兩便現議決照此辦理所有分機事宜當即派人趨前接洽棧租亦可同時結付惟原有合同既不取消則此次讓出之拖朋一座自應仍由貴行補運來滬以符原數補交時期以十個月為限在民國十二年三月底以前必須將全部補交清楚幸勿遲悞至貨款一節除簽訂合同時已付美金十五萬元外其餘美金十五萬二千元當分三期撥付第一期計美金五萬元以本年陽曆十一月底為期第二期計美金五萬元以民國十二年二月底為期第三期計美金五萬弍千元俟貨到齊後以現款換取提單上述各情如以為可行即請賜復俾早日解決以利進行專此佈達順請大安南通電廠張謇敬啟

1922 年 6 月 1 日，张謇致信西门子洋行买办管趾卿，“顷承见示某处急需此类拖朋一座，南通既不待用，正可分出一座让予先用，以缓济急，实属两便”，张謇打算暂时出让发电机一座，后续资金困难缓解后，继续履行原合同。图为张謇致上海华发实业公司函，原件藏于南通市档案馆。

復管趾卿 上海華商實業公司

先生大鑒 頃由寄廬函轉 尊札備悉一一 敝電廠前託貴

行定購拖棚貳座 計價美金叁拾萬另貳千元 已有一部分裝運到

通 其餘一座以敝廠非即時需用 請由貴行轉售他人

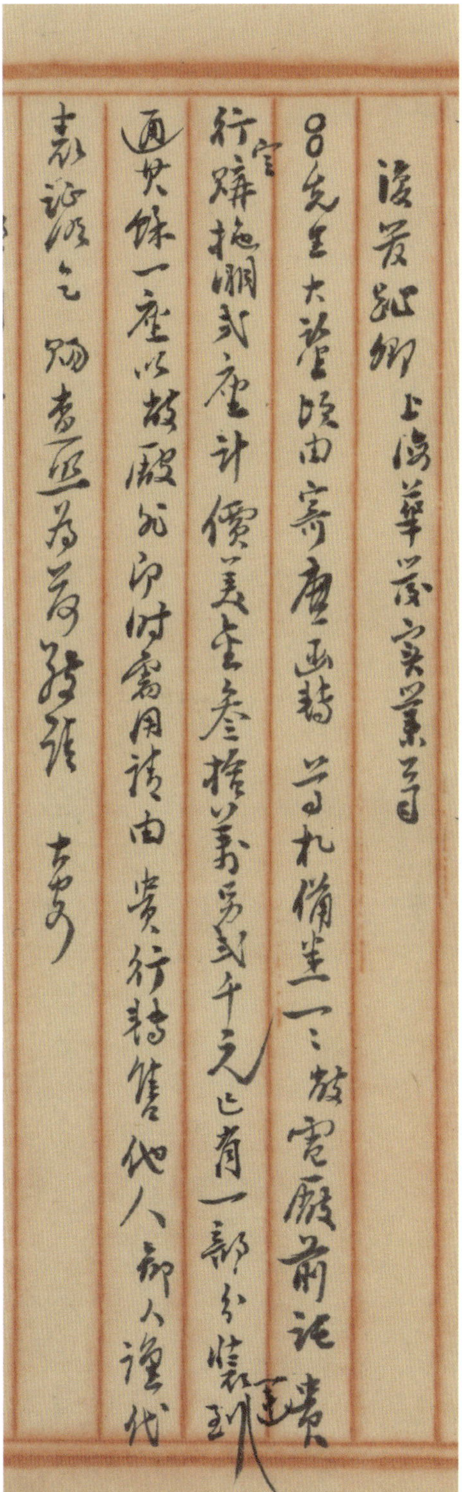

张謇致信管趾卿，商议将一座发电机先行转售他人。“敝电厂前托贵行定购拖朋贰座……已有一部分装运到通。其余一座以敝厂非即时需用，请由贵行转售他人。”图为张謇致管趾卿函底稿，原件藏于南通市档案馆。

啬老先生钧座：电厂前向维昌洋行订购变电机六座，共价五千余磅，已付一千二百磅，其余约四千磅之谱早届应付之期。兹瑞典领事代该洋行转咨商会，屡催结束。一再筹画，无款应付。惟有存沪铜线一批，值银一万三千余两，可以变价偿该洋行欠款之一部。今中华电气厂有购铜线之意，照原价约以九五折给价。度目下情形似可出售，所亏有限。前购铜线时由大生沪事务所垫付货价，该货提单现仍存事务所。如可照此办理，即请批示遵行为祷。专此敬颂
钧安

黄友兰谨上
十月十七日

淮海实业银行总管理处用笺

淮海实业银行总管理处用笺

为解决电厂订购变电机欠款4000镑一事，黄友兰致函张謇，表示经一再筹措仍无款应付，建议将存沪价值银1.3万余两的一批铜线，以九五折出售给有购买意向的中华电气厂，变卖后偿还部分欠款。张謇回复“别无可计”，同意变卖。图为黄友兰致张謇函，原件藏于南通市档案馆。

●黃友蘭將赴日參觀電氣會

南通大生副廠工程師黃友蘭、往日本參觀大阪電氣博覽會、並奉張嗇老之命、調查日本最新電廠之建設及其他實業、黃君昨已到滬、將於十八日乘上海丸往日云、

1926年春，张謇听说日本出现了一种新型电厂，采用高压蒸汽并用煤粉进行燃烧，效率很高，于是安排黄友兰往日本调研学习。图为4月17日《新闻报》的报道：“南通大生副厂工程师黄友兰，往日本参观大阪电气博览会，并奉张啬老之命，调查日本最新电厂之建设及其他实业。”

一、沿　革

本公司所屬各廠暨南通地方其他各工業，在昔各謀動力，耗煤費工，殊不經濟。先董事長張嗇公有鑒於此，欲使已辦之廠節省開支，後起之廠減輕成本，遂有以電力爲動力，集中發電，分輸運用之意。民國九年春，籌設電廠於天生港；就德國西門子廠訂購三千二百瓩透平發電機二部，就英國拔柏葛廠訂購水管鍋爐四座。十年春，動工興建廠房。不幸翌年忽遭水災，營業衰落，致公司經濟不能周轉，垂成廠房，被迫停工，到滬機器，亦以無法付款而不得不轉讓與昔戚墅堰震華電廠；糜款七十餘萬，未能完成，良可扼腕。

民國十五年春，嗇公復以地方需要電廠日切，亟思重興，不圖宏願未酬，遽爾謝世，此議再寢。

更閱五年，本公司鑒於重建電廠，刻不容緩，乃經股東會議決通過，着手進行。除由本公司一副兩廠自籌十餘萬元以爲基金外，並向銀團商墊經費，一面與機器製造廠商訂分期付款辦法，幸均能妥協，遂按照原定計畫實施。

民國二十二年二月，另勘定天生港口爲廠址，購通靖輪埠碼頭西首隙地三十畝以爲廠用。同時委上海揚子建築公司先行試樁，並請設計監督全部土木工程。祇以天生港堤防雖較鞏固，而地低土鬆，則與附近他港初無二致，故興工之先，塡泥數千方，打樁近千支，費時半載，廠基始成。繼即建造廠房，外用磚牆，內用鐵架樑柱，鐵架樑柱另由上海新中公司承辦，計重二百餘噸。

十月江潮漸下，當即興工建造進水室。惟以入水頗深，全年平均在三公尺左右，施工棘手，每逢小汛搶險，工作無分晝夜，究以江底流沙變化無常，倍感困難。幸多方籌謀，得於二十三年依限與廠房等同時完成。全部建築，歷時一載又半；從事員工中，計傷一人，死一人；用款三十萬元，進水室建築用費幾達全數三分之一。

全部機械，於二十一年十二月先後向英國拔柏葛廠訂購鍋爐二座，向德國藹益吉廠訂購透平發電機一座連配電板等全套，共計價約六十萬元。翌年又向英美德訂購輸電鋼桿銅線及配電所設備，計價十餘萬元。二十二年六月，鍋爐機件，絡續運到，先於十月廠基完成之後，即行循序裝置，裝爐工程，由上海大寶廠承包。同時鋼桿銅線，相繼交到，亦即循照測定線路先行豎建，中經民田，稍受農民反對，旋告諒解。二十三年三月，架放路線次第完成。四月，電機及配電板等全部運到，而廠房建築，亦適於斯時大部就緒，即由一副兩廠抽調優秀技工，嚴加指導，兼程排置。六閱月，全廠機械及港閘城輸電線路暨各配電所同時裝竣，當即依次愼重檢驗試機，凡月餘而試竣發電，時民國二十三年十二月也。

本廠發電以後，負荷日增，至民國二十五年冬，已逾滿載，乃積極進行擴充事宜。詎翌年戰事發生，一切計畫，皆成泡影。既而地方淪陷，廠被佔據，同人迫於暴力，一致引退。時越數年，幸而珠還合浦，機件建築，損失均微，同人興奮之餘，益黽勉從事，洎夫今年二月，負荷又達滿載矣。

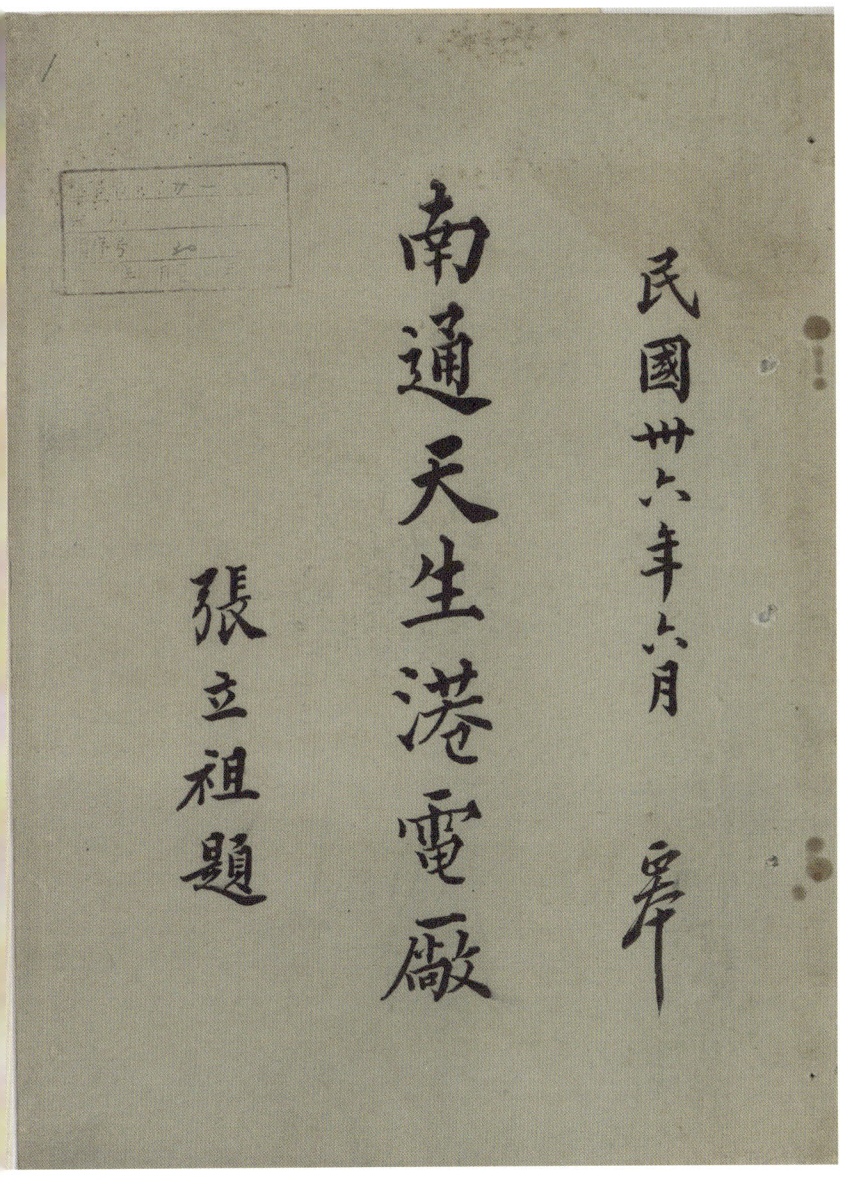

1947 年的《南通天生港电厂》回顾了电厂建设中止的情况：“垂成厂房，被迫停工，到沪机器，亦以无法付款而不得不转让与昔戚墅堰震华电厂；縻款七十余万，未能完成，良可扼腕。”图为《南通天生港电厂》封面及部分正文。

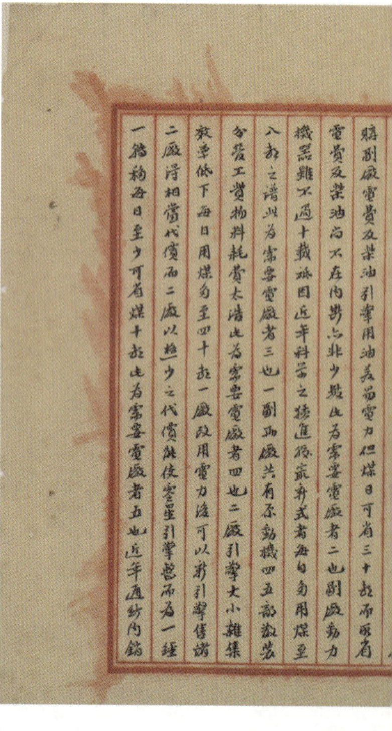

時副廠電費及柴油引擎用油義當電力但煤日可省三十噸而所省
電費及柴油尚不在內其亦非少數此為需要電廠者二也副廠動力
機器雖不過十載然因近年科學之猛進務宜新式者每日勻用煤至
八噸之譜此為需要電廠者三也一副兩廠共有原動機四五部散裝
分發工費物料耗費太浩此為需要電廠者四也二廠引擎大小雜集
效率低下每日用煤多至四十噸一廠改用電力後可以新引擎售諸
二廠得相當代價而二廠以極少之代價能使零星引擎整而為一經
一繼續每日至少可省煤十噸此為需要電廠者五也近年通紡內鍋

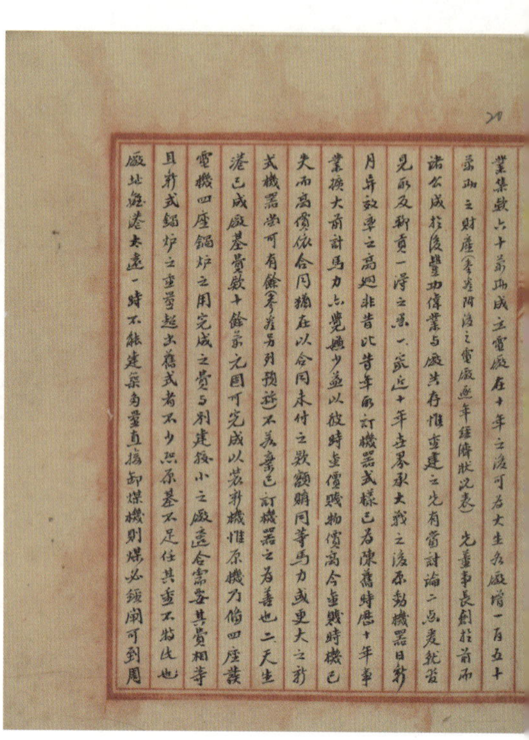

業集款六十萬而成之電廠在十年之後可為大生各廠增一百五十
萬兩之財產（參看附後之電廠逐年經濟狀況表） 先董事長創於前而
諸公成於後豐功偉業與廠共存惟查建立之先有當討論之二點處就省
見所及稍貢一得之愚一、我近十年在承大戰之後原動機器日新
月異效率之高迥非昔比昔年所訂機器式樣已為陳舊時歷十年事
業換大前計馬力亦覺無多並以彼時金價賤物價高今金賤時機已
失而高價依合同猶在以合同未付之數額購同等馬力或更大之新
式機器尚可有餘（參看另列預算）不義舊已訂機器之為善也二天生
港已成廠基費款十餘萬元固可完成以裝新機惟原機乃備四座發
電機四座鍋爐之用完成之費與別建較小之廠適合需要其費相等
且新式鍋爐之重量超出舊式者不少恐原基不足任其重不特此也
廠址離港太遠一時不能建築角量直接卸煤機則煤必須開可到周

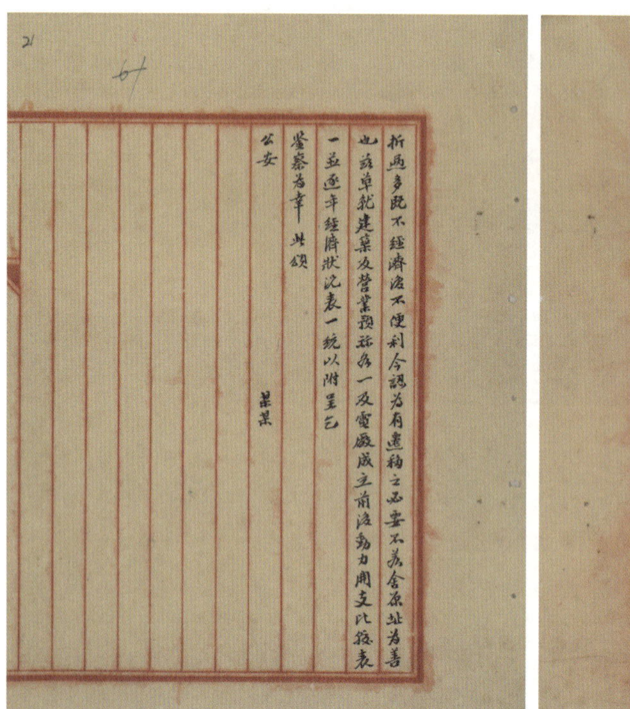

折運多既不經濟復不便利今認為有遠稍之必要不若舍原址為善
也茲草就建築及營業預算各一及電廠成立前後動力開支比較表
一並逐年經濟狀況表一統以附呈乞
鑒察為幸 此頌
公安
某某

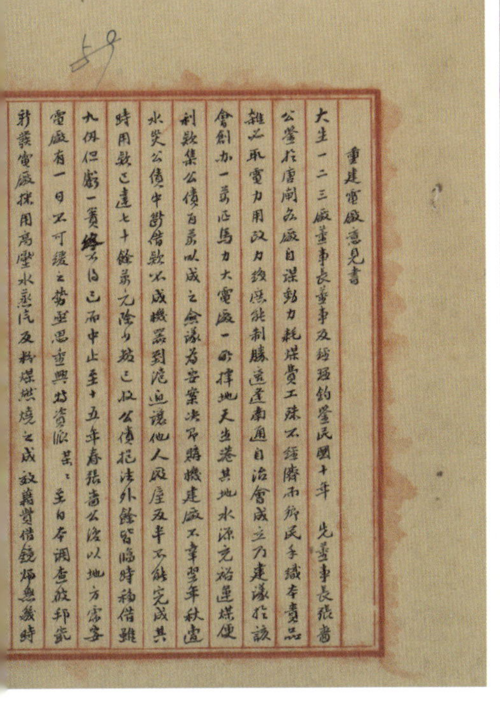
重建電廠意見書

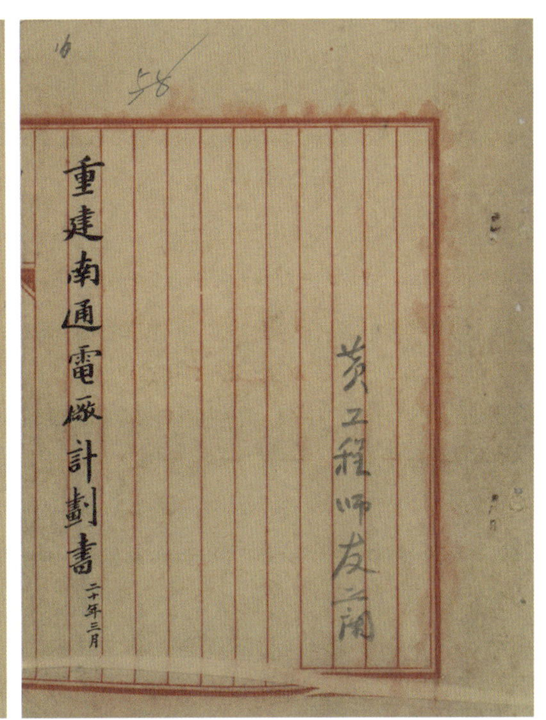
重建南通電廠計劃書
二十年三月

黄工程师友兰

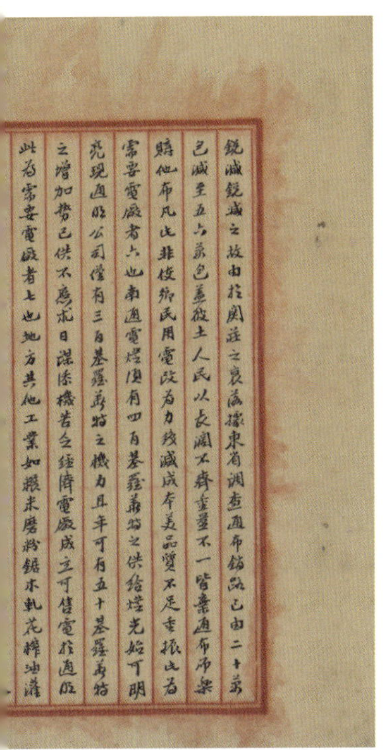

1931 年 3 月，黄友兰撰写《重建南通电厂计划书》，提出了两点建议：一是，第一次世界大战之后，欧洲迎来了工业大发展，发电设备日新月异，新式设备容量大、效率高，十年前订购的设备已经落后，继续履行高价旧合同已不划算，不如另行购买新式设备；二是，原先建设的厂房基础是与原有设备相匹配的，现新式锅炉重量远超旧式锅炉，原厂基承重不够，且原厂址离港口太远，运煤需经闸口转运，既不经济又不方便，建议迁址重建。图为《重建南通电厂计划书》，原件藏于南通市档案馆。

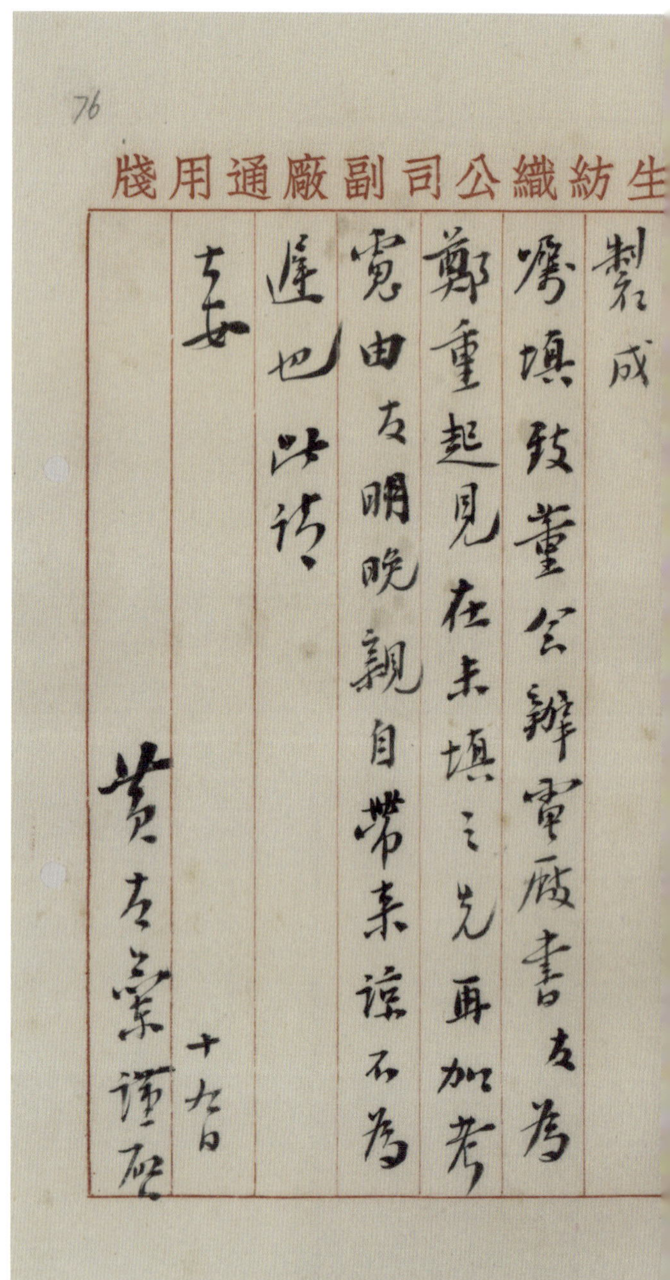

生紡織公司副廠通用箋

製成

為填致董公辦電廠書左為

鄭重起見在未填之先再加考

寬由左明晚親自帶來諒不為

遲也此請

大安

十九日

黄友棠謹啟

1931年11月，黄友兰致函李升伯汇报选址情况，他安排人员进行江边岸线测绘选址，决定另选地处天生港码头西侧、占地30亩的芦苇滩作为新厂基。安利英工程师到现场参观后，认为“前临大江，后通内河，运煤、运灰咸得其便”，十分适合作为电厂厂址。图为黄友兰致李升伯函，原件藏于南通市档案馆。

75

大生紡織公司副廠通用牋

叔伯經理先生大鑒頃奉
⿱函敬悉一一安利英工程師前
日來通友導觀江邊所擬廠址
極爲贊同地前臨大江後通内河
運煤運灰咸得其便取水問題
較難解决以江灘太淺吃水不深
須用三百尺以上之鉄管方能引
水猶須待商於一二水利專家俾與

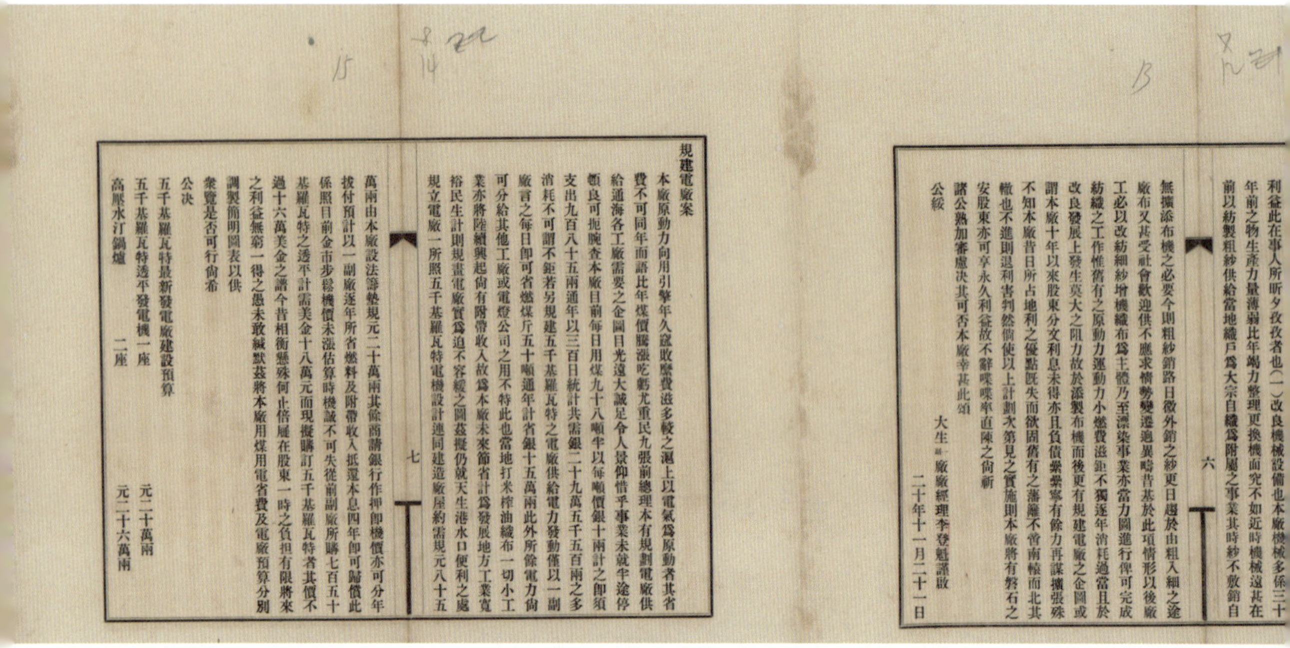

利益此在事人所昕夕孜孜者也(一)改良機械設備也本廠機械多係三十年前之物生產力量薄弱比年竭力整理更換機而究不如近時機械遠甚在前以紡製粗紗供給當地織戶爲大宗自織爲附屬之事業其時紗不敷銷自無擴添布機之必要今則粗紗銷路日微外銷之紗更日趨於由粗入細之途廠布又甚受社會歡迎供不應求情勢變遷逈異疇昔基於此項情形以後廠工必以改紡細紗增機織布爲主體乃至漂染事業亦當力圖進行俾可完成紡織之工作惟舊有之原動力運動力小燃費滋鉅不獨逐年消耗過當且於改良發展上發生莫大之阻力故於添製布機而後更有規建電廠之企圖或謂本廠十年以來股東分文利息未得亦且負債纍纍寧有餘力再謀擴張殊不知本廠昔日所占地利之優點既失而欲固舊有之藩籬不啻南轅而北其轍也不進則退利害判然倘使以上計劃次第見之實施則本廠將有磐石之安股東亦可享永久利益故不辭喋喋率直陳之倘祈

諸公熟加審慮決其可否本廠幸甚此頌

公綏

大生第一廠廠經理李登魁謹啟

二十年十一月二十一日

六

規建電廠案

本廠原動力向用引擎年久窳敗靡費滋多較之滬上以電氣爲原動者其省費不可同年而語比年煤價騰漲吃虧尤重民九張前總理本有規劃電廠供給通海各工廠需要之企圖目光遠大誠足令人景仰惜乎事業未就半途停頓良可扼腕查本廠目前每日用煤九十八噸半以每噸價銀十兩計之即須支出九百八十五兩通年以三百日統計共需銀二十九萬五千五百兩之多消耗不可謂不鉅若另規建五千基羅瓦特之電廠供給電力發動僅以一副廠言之每日即可省燃煤斤五十噸通年計省銀十五萬兩此外所餘電力尚可分給其他工廠或電燈公司之用不特此也當地打米榨油織布一切小工業亦將陸續興起倘有附帶收入故爲本廠未來節省計爲發展地方工業寬裕民生計則規畫電廠實爲迫不容緩之圖茲擬仍就天生港水口便利之處規立電廠一所照五千基羅瓦特電機設計連同建造廠屋約需規元八十五萬兩由本廠設法籌墊規元二十萬兩其餘商請銀行作押即機價亦可分年拔付預計以一副廠逐年所省燃料及附帶收入抵還本息四年即可歸償此係照目前金市步鬆機價未漲估算時機誠不可失從前副廠所購七百五十基羅瓦特之透平計需美金十八萬元而現擬購訂五千基羅瓦特者其價不過十六萬美金之譜今昔相衡懸殊何止倍屣在股東一時之負担有限將來之利益無窮一得之愚未敢緘默茲將本廠用煤用電省費及電廠預算分別調製簡明圖表以供

衆覽是否可行倘希

公決

五千基羅瓦特最新發電廠建設預算

五千基羅瓦特透平發電機一座　元二十萬兩

高壓水汀鍋爐　二座　元二十六萬兩

七

1931年11月28日，大生第一纺织公司召开股东会，会上提出“规建电厂”议案，详细介绍电厂建设原委，并附相关经营测算数据。经理李升伯提交详细书面意见，认为通过建设新式电厂集中供应动力，可以极大提升效率，大生用电之外的剩余电力分给其他工厂及电灯公司用，可获丰厚利润。李升伯的想法得到吴寄尘的支持，他认为建电厂意义重大，能够帮助大生第一纺织公司及相关企业谋生存求发展。股东会表决通过，同意建厂。图为会议记录（部分），原件藏于南通市档案馆。

南通大生第一紡織公司民國二十年股東會議事錄

南通大生第一紡織公司民國二十年股東會議事錄

民國二十年十一月二十八日下午二時在上海香港路銀行公會舉行

到會股東一百三十四人計股本壹百叁拾五萬五千三百兩共五千七百九十權

公推趙叔雍先生爲主席

行禮如儀

主席宣讀提案丁項

一副廠經理致董事會函

董事諸公均鑒敬啓者本廠設在內地憑藉土產土銷故能占有優越地位頻年本地棉產歉收關莊停滯紗亦不銷此後進出貨皆將集中於上海昔以土產土銷爲我根本立脚之優點乃以潮流趨勢不同遂致喪失略盡此固人力之莫可如何者也查本廠自創設迄今歷有歲年管理人事組織種種方面仍

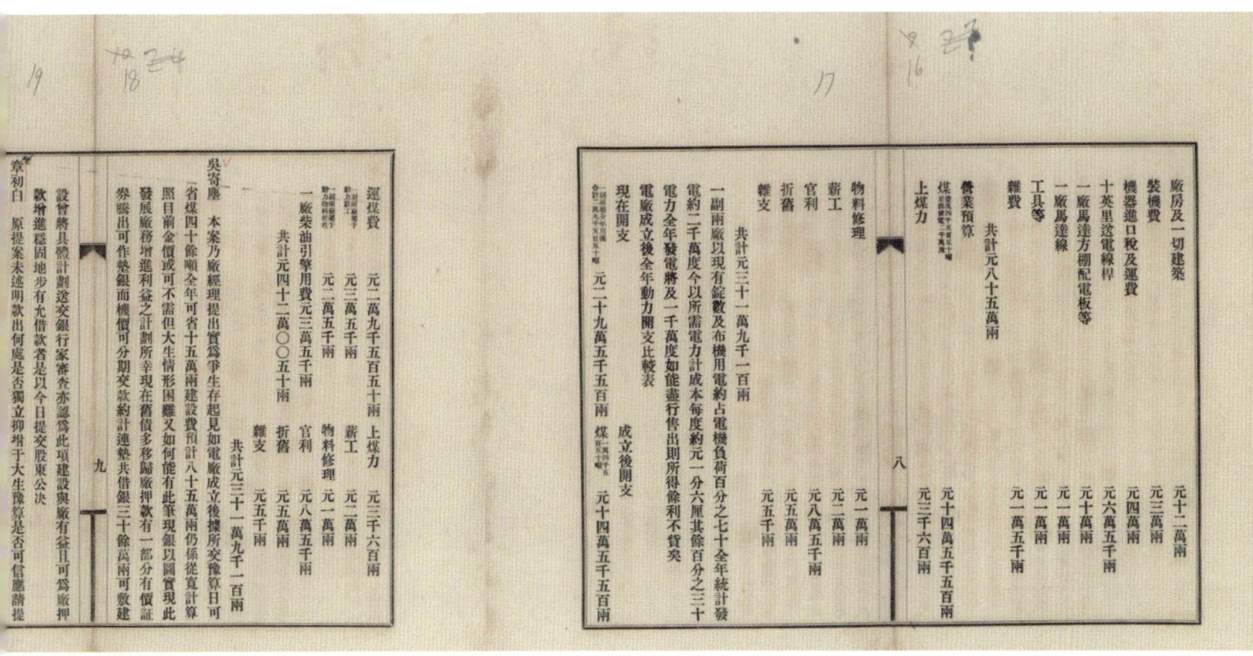

廠房及一切建築　元十二萬兩

裝機費　元三萬兩

機器進口稅及運費　元四萬兩

十英里送電線桿　元六萬五千兩

一廠馬達方棚配電板等　元十萬兩

一廠馬達線　元一萬兩

工具等　元一萬兩

雜費　元一萬五千兩

共計元八十五萬兩

營業預算

煤　元十四萬五千五百兩

上煤力　元三千六百兩

物料修理　元一萬兩

薪工　元二萬兩

官利　元八萬五千兩

折舊　元五萬兩

雜支　元五千兩

共計元三十一萬九千一百兩

一副兩廠以現有錠數及布機用電約占電機負荷百分之七十全年統計發電約二千萬度今以所需電力計成本每度約元一分六厘其餘百分之三十電力全年發電將及一千萬度如能盡行售出則所得餘利不貲矣

電廠成立後全年動力開支比較表

現在開支　　成立後開支

元二十九萬五千五百兩　煤　元十四萬五千五百兩

運煤費　元二萬九千五百五十兩　上煤力　元三千六百兩

元三萬五千兩　薪工　元二萬兩

元二萬五千兩　物料修理　元一萬兩

一廠柴油引擎用費元三萬五千兩　官利　元八萬五千兩

折舊　元五萬兩

共計元四十二萬〇〇五十兩　雜支　元五千兩

共計元三十一萬九千一百兩

吳寄塵　本案乃廠經理提出實爲爭生存起見如電廠成立後據所交豫算日可省煤四十餘噸全年可省十五萬兩建設費預計八十五萬兩仍係從寬計算照目前金價或可不需但大生情形困難又如何能有此筆現銀以圖實現此發展廠務增進利益之計劃所幸現在舊債多移歸廠押款有一部分有價証券賸出可作墊銀而機價可分期交款約計連墊共借銀三十餘萬兩可敷建設曾將具體計劃送交銀行家審查亦認爲此項建設與廠有益且可爲廠押款增進穩固地步有允借款者是以今日提交股東公决

章初白　原提案未述明款出何處是否獨立抑附于大生豫算是否可信應請提

1932 年 12 月 28 日，大生第一纺织公司与英国拔柏葛锅炉公司签订订货合同，订购 25 吨锅炉 2 只，共计价 2.25 万英镑。图为中文版合同，原件藏于南通市档案馆。

契約內所開之各項欠款及期票到期日償付時金城銀行經
出貨人之請求立即代為清償此項銀行在担保無論何種情形
之下不得取消或更改
前開貨價包括各貨運至上海(C.I.F. Shanghai)之水脚與現行
進口稅率不超過百分之七.五之關稅現行附稅與碼頭捐在
內但其他須稅附稅及上岸雜捐均不在內將來關稅等如有增
加均歸買受人担負貨價內所包括之水脚及保險費均以通常
價目為限倘因中國政府變動或因任何原因買受人主張將

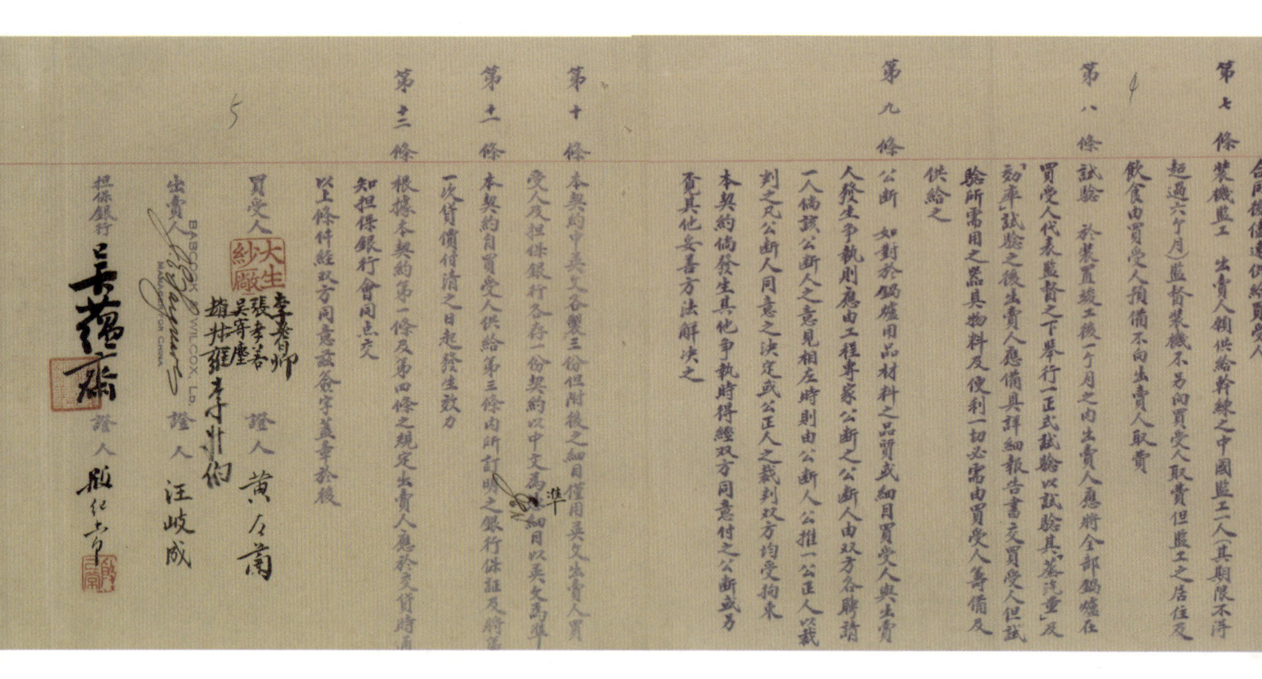

合同後儘速供給買受人

第七條 裝機監工 出貨人須供給幹練之中國監工一人（其期限不得超過六个月）監督裝機不另向買受人取費但監工之居住及飲食由買受人預備不向出貨人取費

第八條 試驗 於裝置竣工後一个月之內出貨人應將全部鍋爐在買受人代表監督之下舉行一正式試驗以試驗其蒸汽量及効率試驗之後出貨人應備具詳細報告書交買受人但試驗所需用之器具物料及便利一切必需由買受人籌備及供給之

第九條 公斷 如對於鍋爐用品材料之品質或細目買受人與出貨人發生爭執則應由工程專家公斷之公斷人由双方各聘請一人倘該公斷人之意見相左時則由公斷人公推一公正人以裁判之凡公斷人同意之決定或公正人之裁判双方均受拘束本契約倘發生其他爭執時得經双方同意付之公斷或另覓其他妥善方法解決之

第十條 本契約中英文各繕三份但附件之細目僅用英文出貨人買受人及担保銀行各存一份契約以中文為準細目以英文為準

第十一條 本契約自買受人供給第三條內所訂明之銀行保証及將第一次貨價付清之日起發生效力

第十二條 根據本契約第一條及第四條之規定出貨人應於交貨時通知担保銀行會同點交

以上條件經双方同意簽字蓋章於後

買受人 大生紗廠 證人 黃△蘭

出賣人 BABCOCK & WILCOX Ld. 證人 汪岐成

担保銀行 吴蘊齋 證人

立買賣契約人 南通州大生第一紡織公司（以後简稱買受人）
英國及上海拔柏葛鍋爐公司（以後简稱出賣人）
茲於一千九百三十二年十二月二十八日因購買鍋爐用品其細目
均照附後之英文清单業經双方同意訂立下列條件

第一條 出賣人願售與買受人買受人願向出賣人購買附後之清单內所開鍋爐用品双方並願履行其所負之担保責任
該項鍋爐用品出賣人當在上海交貨（C.I.F. Shanghai）

第二條 該項鍋爐用品應於本契約簽訂後買受人繳清第一次百分之十之付款及出賣人收到製造必需之詳細情形之日起在三十四个工作星期內運至上海交貨如遇不可抗力情事不在此限所謂不可抗力情事即指因戰事罷工暴動海陸運輸及工作上之不測以及其他不可歸咎於出賣人之事故而致遲延但買受人不得以上述之意外事故于到貨時主張免除其接受本契約內所訂定各貨之責任

第三條 貨價及付款 前開各項鍋爐用品應在上海交貨（C.I.F. Shanghai）貨價共計英金弍萬五千伍百鎊正依下列辦法償付之
第一次付貨價百分之十計弍千弍百伍拾鎊正由買受人於簽訂本契約時電滙倫敦之頭等銀行交付之
第二次付貨價百分之十五計英金叁千叁百柒拾伍鎊正於每次提示本契約所訂定之鍋爐用品之提單証明貨已到滬時照到貨價額之比例由買受人電滙至倫敦交付之
第三次付貨價百分之十計英金弍千弍百伍拾鎊正於鍋爐蒸汽加熱器燒煤機及省煤器之主要部分全部到滬後八个月之內由買受人電滙至倫敦交付之「分期付款」其餘貨價百分之六十五計英金壹萬肆千陸百弍拾伍鎊正均分作二十四次每月一次由買受人用電滙至倫敦付清其第一期付款於上述第三次付款後第一个月底即鍋爐蒸汽加熱器燒煤機及省煤器之主要部分全部到滬後九个月之內償付之其餘二十三期於第一期付款後每月底按月分付之此項分期付款於償付

船日期展緩致添出棧租或轉船費及各項費用或其他運費保險費等有增加時則此種增加之費用均歸買受人担負由上海至南通之普通水險費及裝機時之普通火險費亦包括在貨價之內裝機時間在鍋爐蒸汽加熱器燒煤機及省煤器之主要部分全部到滬後以八个月為限如裝機時間加長其額外保險費由買受人負担貨價並不包括戰事保險費如出賣人及担保銀行以為運輸時及裝機時有保戰事險之必要則外加之保險費由買受人負担買受人於鍋爐生火後分期付款未經付清之前應將全部鍋爐用品保火險及爆裂之險如出賣人及担保銀行以為有保戰事險之必要則買受人須加保戰事險

第四條 所有權之保留 在本契約所規定之貨價及利息全部未曾付清之前此項鍋爐設備之所有權不完全屬諸買受人除出押與金城銀行作為該銀行担保本契約履行之交換條件外非得出賣人之書面同意買受人不得將該項鍋爐設備出賣抵押或作其他處置

第五條 瑕疵担保 出賣人担保在本契約內所供給之貨物均與所附之細目相符
出賣人並担保所用之材料及製造均為上等如在正式試驗機十二个月之內（但不得超過鍋爐蒸汽加熱器燒煤機省煤器之主要部分全部到滬後二十四个月）在普通工作情形之下機件如有損壞而能証明確因製造或材料不良所致在此項情形之下出賣人責任限於將此損壞之鍋爐用品之一部分免費修理或更換之倘該項機件發生損壞而非出賣人應負責者
如因買受人雇用無充分[illegible]

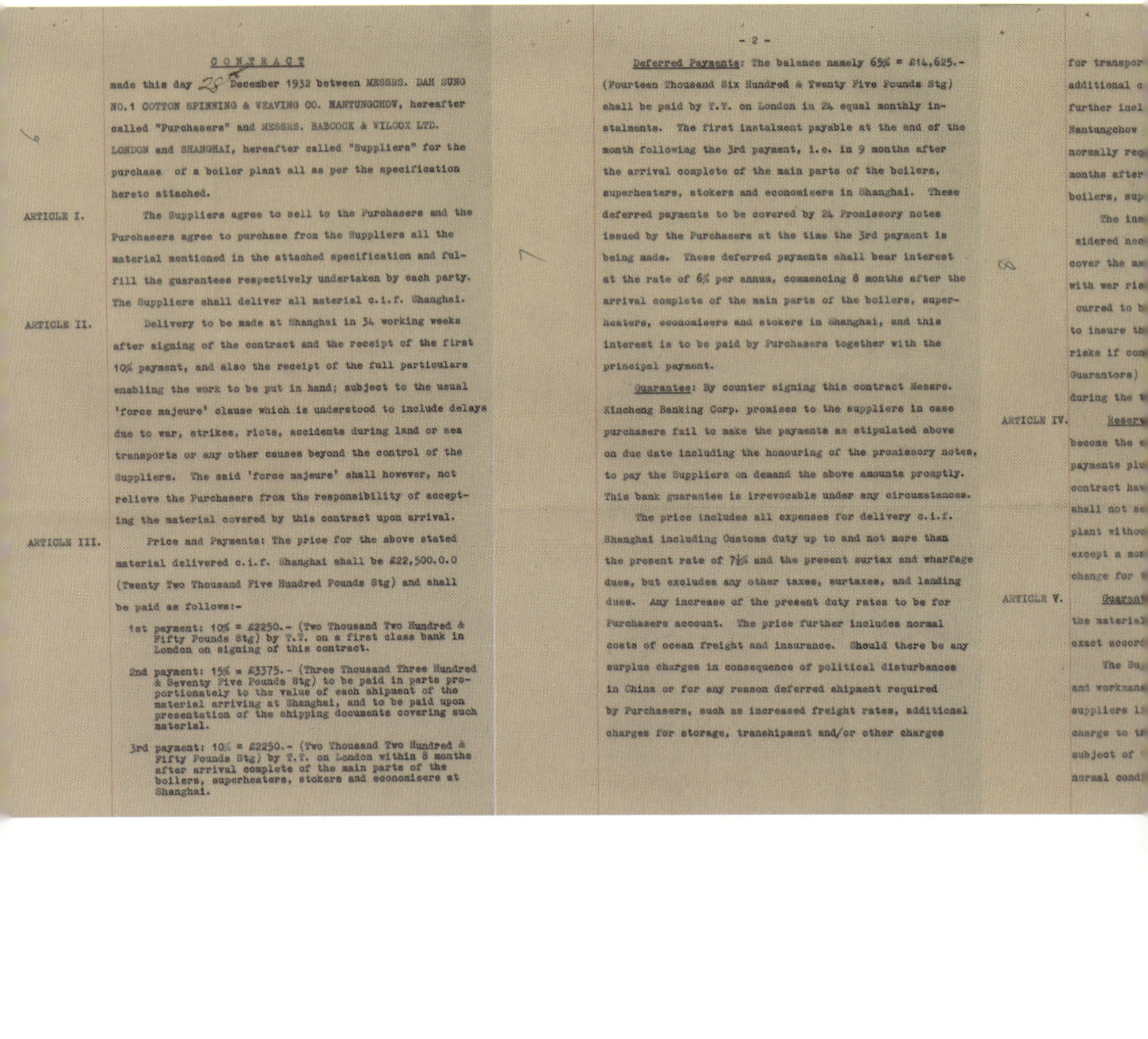

C O N T R A C T

made this day 28 December 1932 between MESSRS. DAH SUNG NO.1 COTTON SPINNING & WEAVING CO. NANTUNGCHOW, hereafter called "Purchasers" and MESSRS. BABCOCK & WILCOX LTD. LONDON and SHANGHAI, hereafter called "Suppliers" for the purchase of a boiler plant all as per the specification hereto attached.

ARTICLE I. The Suppliers agree to sell to the Purchasers and the Purchasers agree to purchase from the Suppliers all the material mentioned in the attached specification and fulfill the guarantees respectively undertaken by each party. The Suppliers shall deliver all material c.i.f. Shanghai.

ARTICLE II. Delivery to be made at Shanghai in 34 working weeks after signing of the contract and the receipt of the first 10% payment, and also the receipt of the full particulars enabling the work to be put in hand; subject to the usual 'force majeure' clause which is understood to include delays due to war, strikes, riots, accidents during land or sea transports or any other causes beyond the control of the Suppliers. The said 'force majeure' shall however, not relieve the Purchasers from the responsibility of accepting the material covered by this contract upon arrival.

ARTICLE III. Price and Payments: The price for the above stated material delivered c.i.f. Shanghai shall be £22,500.0.0 (Twenty Two Thousand Five Hundred Pounds Stg) and shall be paid as follows:-

1st payment: 10% = £2250.- (Two Thousand Two Hundred & Fifty Pounds Stg) by T.T. on a first class bank in London on signing of this contract.

2nd payment: 15% = £3375.- (Three Thousand Three Hundred & Seventy Five Pounds Stg) to be paid in parts proportionately to the value of each shipment of the material arriving at Shanghai, and to be paid upon presentation of the shipping documents covering such material.

3rd payment: 10% = £2250.- (Two Thousand Two Hundred & Fifty Pounds Stg) by T.T. on London within 8 months after arrival complete of the main parts of the boilers, superheaters, stokers and economisers at Shanghai.

- 2 -

<u>Deferred Payments</u>: The balance namely 65% = £14,625.- (Fourteen Thousand Six Hundred & Twenty Five Pounds Stg) shall be paid by T.T. on London in 24 equal monthly instalments. The first instalment payable at the end of the month following the 3rd payment, i.e. in 9 months after the arrival complete of the main parts of the boilers, superheaters, stokers and economisers in Shanghai. These deferred payments to be covered by 24 Promissory notes issued by the Purchasers at the time the 3rd payment is being made. These deferred payments shall bear interest at the rate of 6% per annum, commencing 8 months after the arrival complete of the main parts of the boilers, superheaters, economisers and stokers in Shanghai, and this interest is to be paid by Purchasers together with the principal payment.

<u>Guarantee</u>: By counter signing this contract Messrs. Kincheng Banking Corp. promises to the suppliers in case purchasers fail to make the payments as stipulated above on due date including the honouring of the promissory notes, to pay the Suppliers on demand the above amounts promptly. This bank guarantee is irrevocable under any circumstances.

The price includes all expenses for delivery c.i.f. Shanghai including Customs duty up to and not more than the present rate of 7½% and the present surtax and wharfage dues, but excludes any other taxes, surtaxes, and landing dues. Any increase of the present duty rates to be for Purchasers account. The price further includes normal costs of ocean freight and insurance. Should there be any surplus charges in consequence of political disturbances in China or for any reason deferred shipment required by Purchasers, such as increased freight rates, additional charges for storage, transhipment and/or other charges

for transpor
additional c
further incl
Nantungchow
normally req
months after
boilers, sup
The ins
sidered nec
cover the ma
with war ris
curred to b
to insure th
risks if con
Guarantors)
during the t

ARTICLE IV. Reserv
become the e
payments plu
contract hav
shall not se
plant withou
except a mor
change for t

ARTICLE V. Guarant
the material
exact accord
The Su
and workmans
suppliers li
charge to th
subject of t
normal condi

iums etc., such
Purchasers. The price
nsurance up to
e covering a period
not more than eight
f the main parts of the
economisers at Shanghai.
oks. Should it be con-
and the Guarantors to
tation and/or erection
onal expenses thus in-
t. The Purchasers have
d explosion (and war
e Suppliers and the
put under steam and
ayments.
le: The plant shall not
e Purchasers until all
uppliers under this
antime the Purchasers
se dispose of the
f the Suppliers,
anking Corp. in ex-
f this contract.
pliers guarantee that
ntract will be in
ioned specification.
e that all materials
n every particular, but
he replacement without
t of the boilers the
n under proper and
one year from date of

- 4 -

acceptance test, but not more than 24 months after the arrival complete of the main parts of the boilers, superheaters, stokers and economisers at Shanghai requires replacement in consequence of any original defect in workmanship or material. Should any defects occur to the plant due to reasons for which the Suppliers are not responsible, such as the use by the Purchasers of unskilled labour, faulty materials, accidental or wilful damage caused by employees of the Purchasers, or ordinary fair wear and tear etc., the repairs and/or replacements will be effected at the expense of the Purchasers.

ARTICLE V. <u>Drawings and Illustrations</u>: The Suppliers agree to supply to Purchasers with all necessary erection and operating drawings and illustrations (in triplicate) before the arrival of the plant. Foundation plans will be supplied as soon as possible after signing this contract.

ARTICLE VII. <u>Supervision for erection</u>: The Suppliers agree to provide the service of a capable Chinese erector, free of any charges to the Purchasers for supervising the erection of the boiler plant for a period not exceeding six months, but the board and lodging is to be provided by the Purchasers free of charge to the Suppliers and at Purchasers expense.

ARTICLE VIII An official test for evaporation and efficiency to be made by the Suppliers under the supervision of the representatives of the Purchasers and a report showing the detailed test results to be submitted to the Purchasers. The test to be made within one month after the complete erection of the plant, all apparatus and facilities required for the said test to be provided by the Purchasers.

ARTICLE IX <u>Arbitration</u>: In the event of any dispute arising between the Purchasers and the Suppliers concerning the quality of the material standard and/or specification, the matter shall be referred to technical experts for arbitration One arbitrator shall be appointed by the Purchasers and one

- 5 -

by the Suppliers. In the event of these two arbitrators not agreeing they shall elect an Umpire. The agreed decision of the two arbitrators or the final decision of the Umpire shall be binding upon both parties. In the event of any other dispute arising under this contract, it shall be optional to the parties either to refer the same to arbitration by consent of each party or to exercise in reference thereto any other remedy which shall be equally exercisable.

ARTICLE X. Three copies of this contract shall be executed both in Chinese and in English, with the exception of the attached specification which shall be executed in English only. Each one copy of each version shall be retained by the Purchasers, by the Suppliers and by the Banker. The Chinese version of the contract and the English version of the specification shall be considered as binding.

ARTICLE XI. This Contract becomes effective at the date of handing over the first payment and bank guarantees as stipulated in Article III.

ARTICLE XII. According to Clause 1 and 4 of this Contract, Suppliers have to notify the guaranteeing bank about the delivery date of the material for joint examination.

In witness whereof the parties hereto set their hands and seals the day and year first written above.

The Purchasers .... Witness ....

The Suppliers Witness
BABC... & WILCOX, Ld.
....
MANAGER FOR CHINA

The Guarantors Witness
....

图为英文版锅炉订货合同，原件藏于南通市档案馆。

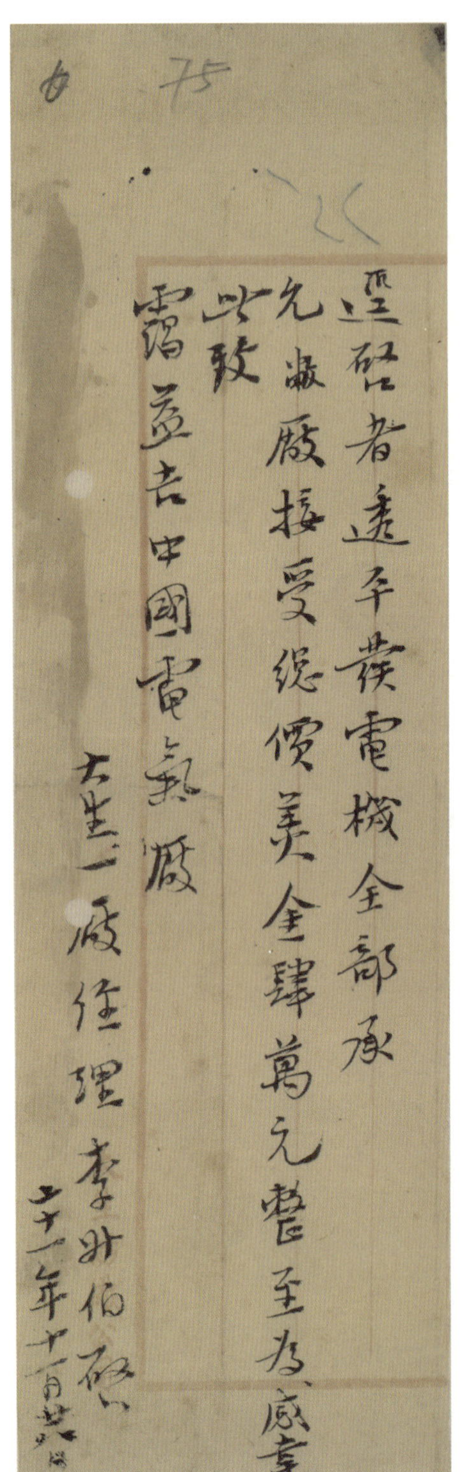

逕啟者透平發電機全部承

允敝廠接受總價美金肆萬元整至爲感荷

此致

靄益吉中國電氣廠

大生一廠經理　李升伯　啟

廿一年十一月廿八日

图为 1932 年 11 月 28 日李升伯同意购买蔼益吉中国电气公司透平发电机的手条，透平发电机总价 4 万美金。原件藏于南通市档案馆。

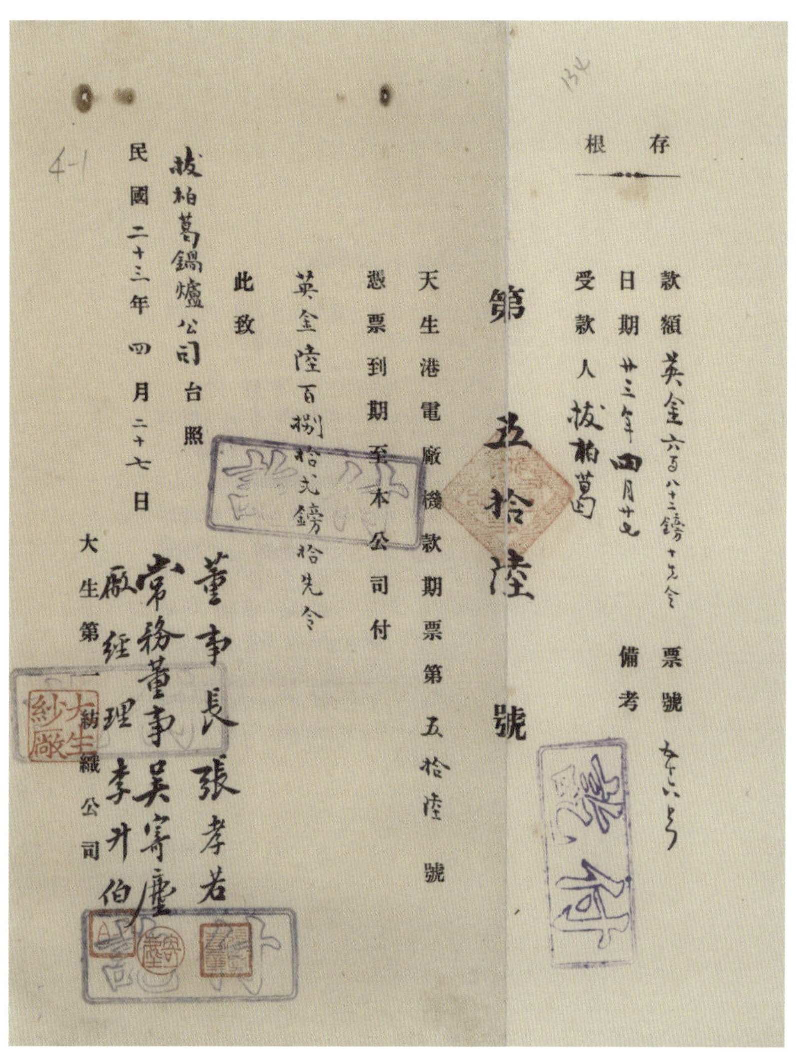
存根

款額 英金六百八十三鎊十先令
日期 廿三年四月廿九
受款人 拔柏葛
票號 [illegible]
備考

第五拾陸號

天生港電廠機款期票第五拾陸號
憑票到期至本公司付
英金陸百捌拾叁鎊拾先令
此致
拔柏葛鍋爐公司台照
民國二十三年四月二十七日
大生第一紡織公司
董事長 張孝若
常務董事 吳寄塵
廠經理 李升伯

图为1934年4月天生港电厂支付拔柏葛锅炉公司机器款的期票，原件藏于南通市档案馆。

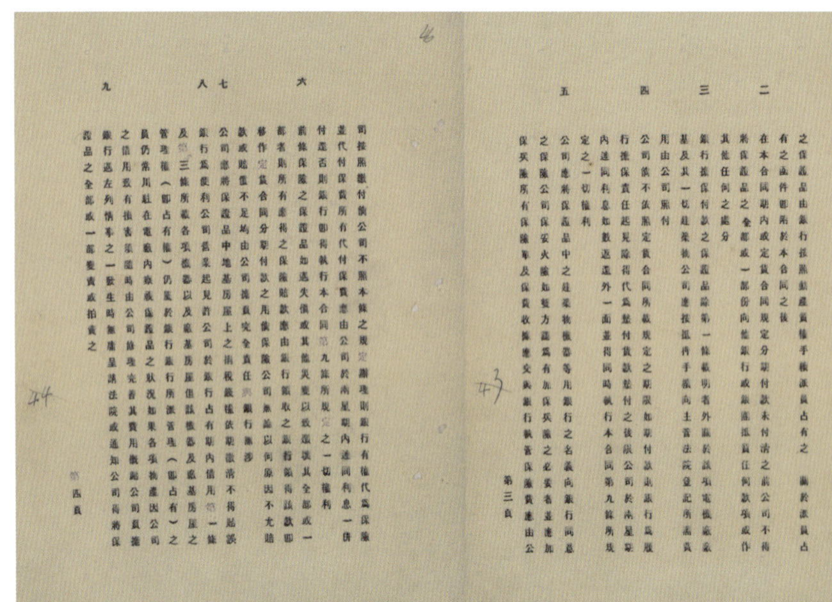

之保護品由銀行按照動產質權手續派員占有之　嗣於派員占
有之函件即附於本合同之後

二
在本合同期內或定貨合同規定分期付款未付清之前公司不得
將保護品之全部或一部份向他銀行或錢莊抵借任何款項或作
其他任何之處分

三
銀行據保付款之保護品除第一條載明者外該於該項電機廠房
基及其一切建築物公司應按照內手續向主管法院登記所需費
用由公司照付

四
公司倘不依照定貨合同所載規定之期限如期付款由銀行為履
行擔保責任起見除得代為墊付貨款墊付之後該公司於兩星期
內速同利息如數返還外一面並得同時執行本合同第九條所規
定之一切權利

五
公司應將保護品中之建築物機器等用銀行之名義向銀行同意
之保險公司保安火險如暫力認為有加保兵險之必要者並應加
保兵險所有保險單及保費收據應交與銀行執管保險費應由公

第三頁

司按照繳付倘公司不照本條之規定辦理則銀行有權代為保險
並代付保費所有代付保費應由公司於兩星期內速同利息一併
付還否則銀行即得執行本合同第九條所規定之一切權利

六
前條保險之保護品如遇失慎或其他災變以致毀壞其全部或一
部者則所有塗銷之保險賠款應由銀行領取之銀行得將該款即
移作定貨合同分期付款之用倘保險公司無論以何原因不允賠
款或賠償不足均由公司擔負完全責任與銀行無涉

七
公司應將保護品中地基房屋上之捐稅錢糧依期繳清不得貽誤

八
銀行為便利公司營業起見許公司於銀行占有期內借用第一條
及第三條所載各項機器以及廠基房屋但該機器及廠基房屋之
管理權（即占有權）仍屬於銀行銀行所派管理員（即占有）之
員仍常川駐在電廠內察看保護品之狀況如果各項機器因公司
之借用致有損害須隨時由公司修理完善其費用概歸公司負擔

九
銀行遇左列情事之一發生時無庸呈請法院或通知公司得將保
護品之全部或一部變賣或拍賣之

第四頁

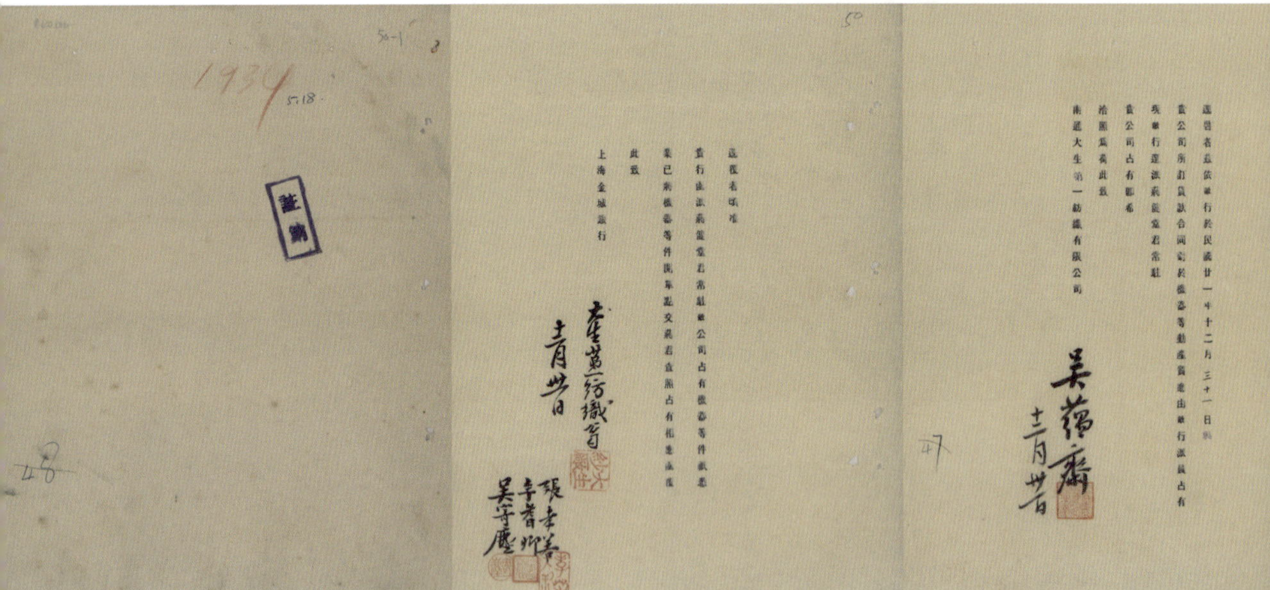

逕啓者茲依敝行於民國廿一年十二月三十一日與
貴公司所訂貸款合同對於機器等動產質權由敝行派員占有
現敝行選派張葉君常駐
貴公司占有即希
洽照爲荷此致
南通大生第一紡織有限公司

吳蘊齋
十二月卅日

逕復者頃准
貴行函派張葉君常駐敝公司占有機器等件祇悉
業已將機器等件照單點交張君查照占有相應函復
此致
上海金城銀行

大生第一紡織公司
十二月卅日

張孝若
李耆卿
吳寄塵

1934 5.18

註銷

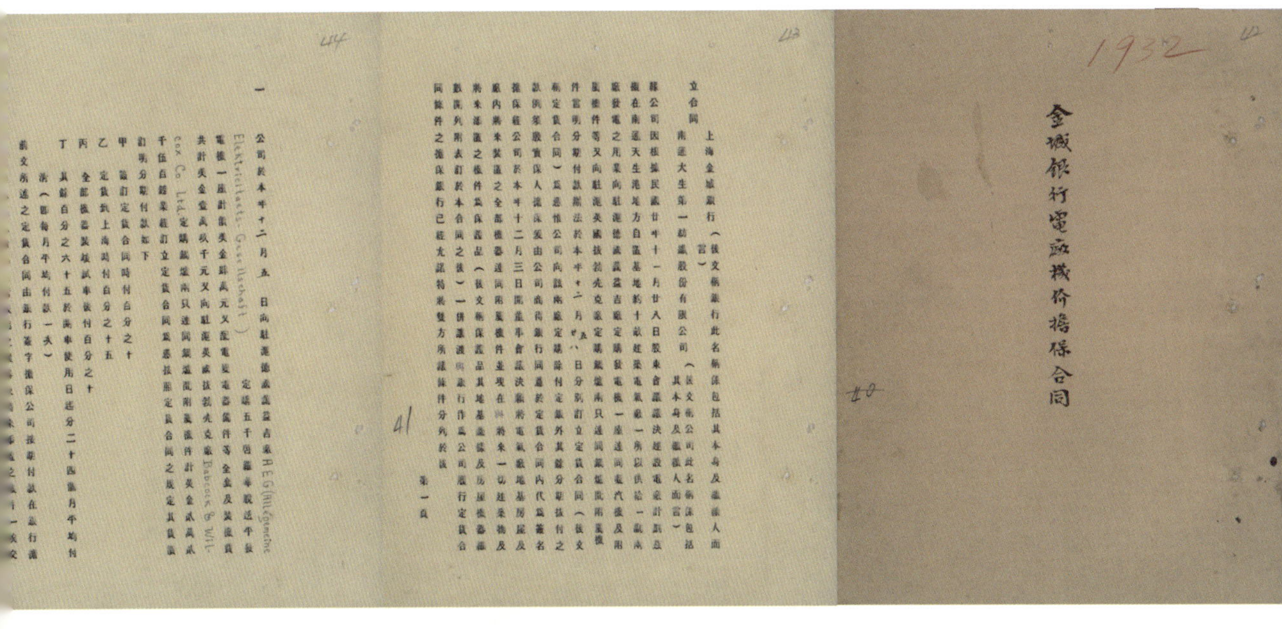

金城銀行電廠機價擔保合同

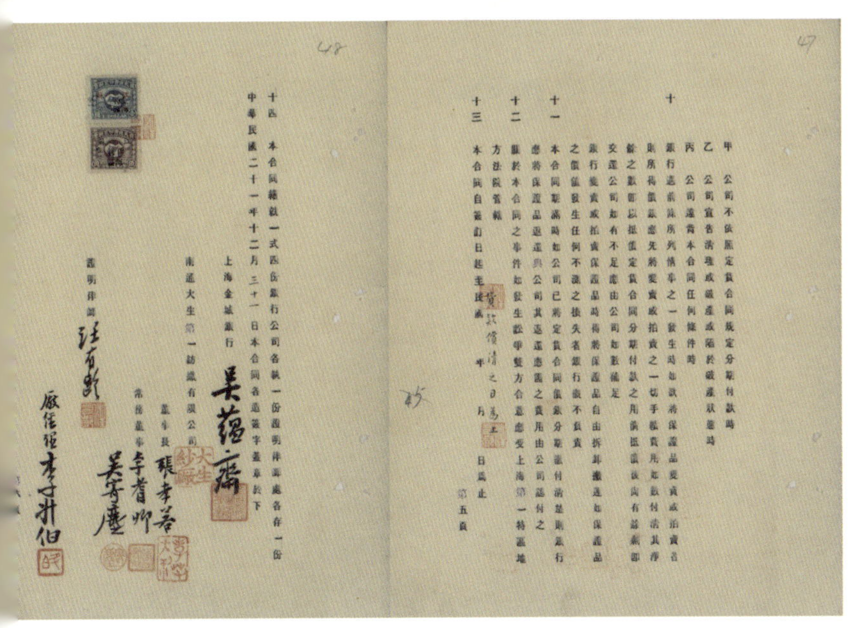

天生港电厂设备尾款分 24 个月支付，吴寄尘和李升伯亲自到上海金城银行洽谈。1932 年 12 月 31 日，大生第一纺织公司与金城银行签订电厂机价担保合同，以天生港电厂全部财产作抵押，与金城银行订立合同，由金城银行对分期付款进行担保。图为《金城银行电厂机价担保合同》，原件藏于南通市档案馆。

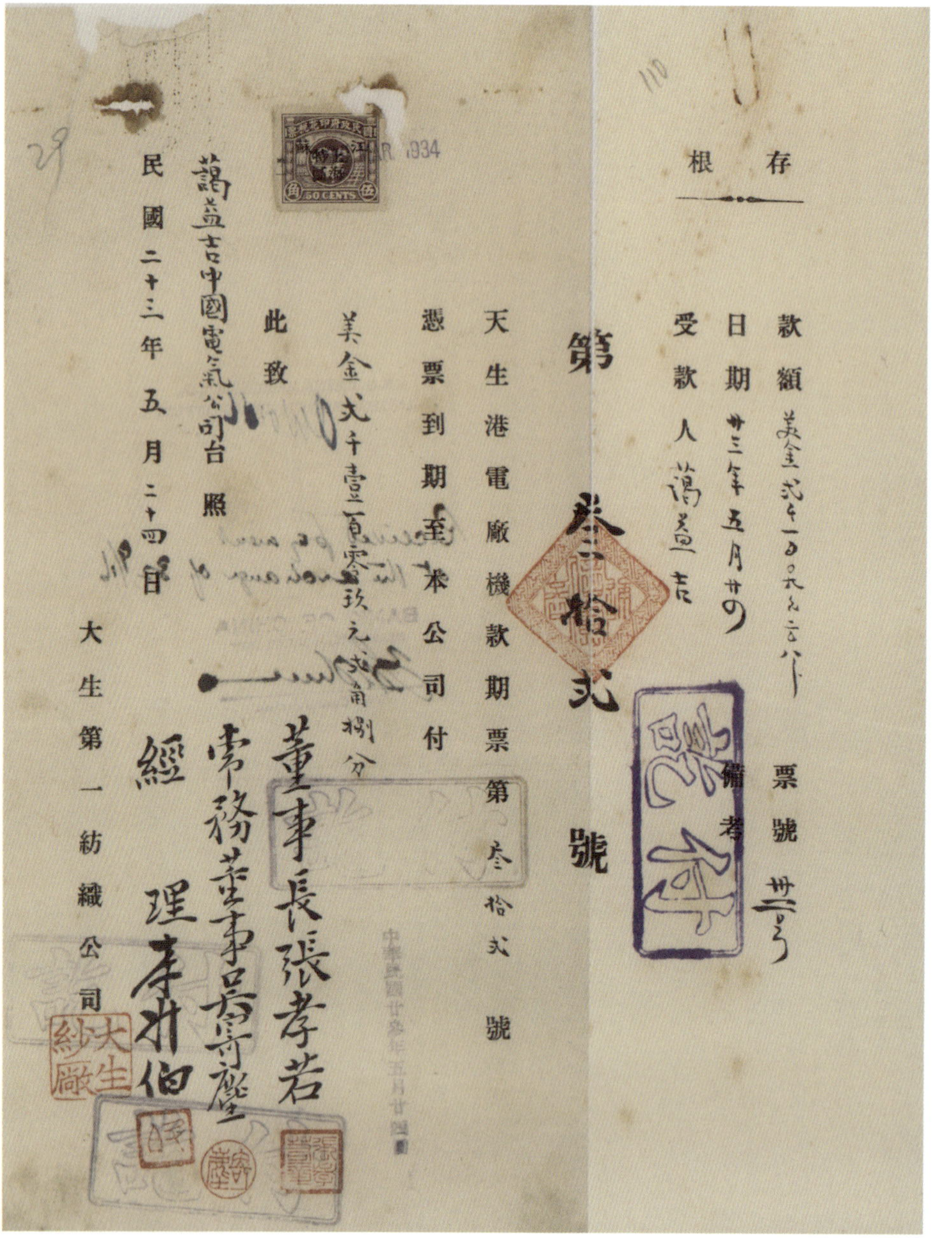

存根

款額 美金弍千一百〇九元二八
日期 廿三年五月廿四
受款人 蔼益吉
票號 卅二号
備考

第叁拾弍號

天生港電廠機款期票第叁拾弍號
憑票到期至本公司付
美金弍千壹百零玖元弍角捌分
此致
蔼益吉中國電氣公司台照
民國二十三年五月二十四日
大生第一紡織公司
董事長張孝若
常務董事吴寄塵
經理李升伯

图为1934年5月天生港电厂支付蔼益吉中国电气公司机器款的期票，原件藏于南通市档案馆。

进水室是天生港电厂重要的基础设施,1933年开工建设。因进水管入水比较深，加之江底流沙变化莫测，且经常碰到汛期，即便施工人员昼夜施工，工程进展仍然十分困难，多次返工，花费巨大，直至1934年7月进水室才建设完成。图为进水室建成后全景。

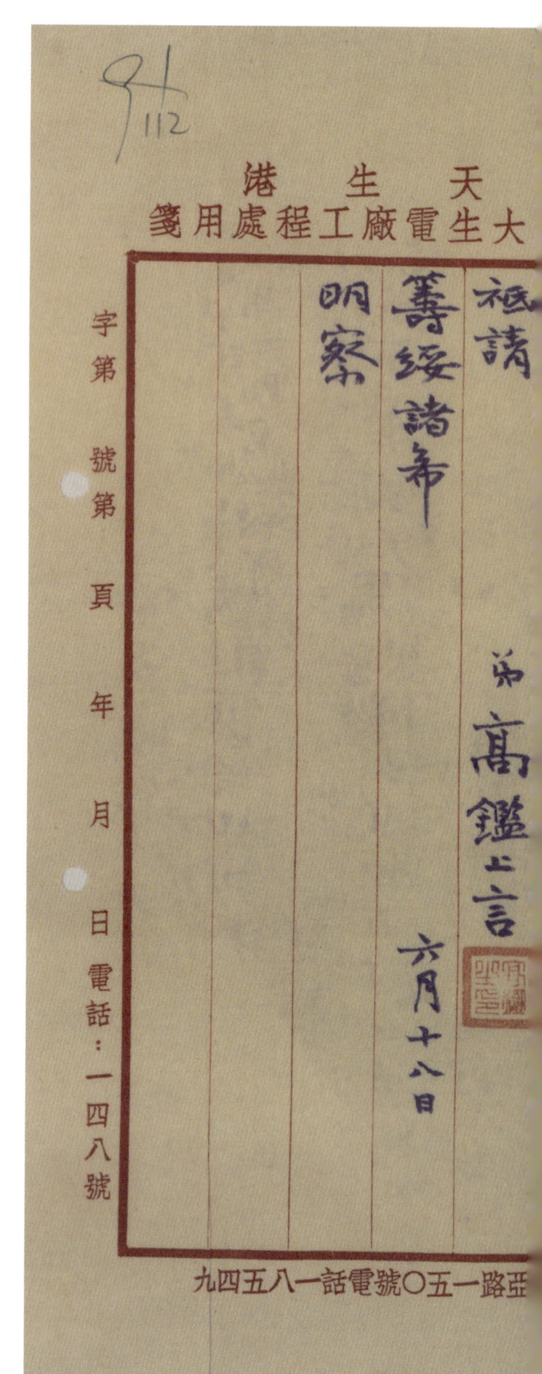

天生港
大生電廠工程處用箋

祗請
籌綏諸希
明察

弟 高鑑上言
六月十八日

字第 號第 頁 年 月 日 電話：一四八號

路一五〇號電話一八五四九

建设进水室时，潜水箱试验了4次都失败了，建筑师高鉴总结经验后作了第5次试验，终于成功，这是第一次成功在长江下游的浮沙上安置潜水箱，是值得记录下来给后人作参考的。图为1933年6月18日高鉴致李升伯的信件，信中讨论进水间施工问题。原件藏于南通市档案馆。

南通天生港

揚子建業公司天生大電廠工程處用箋

本公司專辦廠屋鐵路橋樑涵閘及一切土木工程

升伯先生大鑒奉讀
教言拜悉一是此次電廠進水閘施工中途猝然
發見流沙致生困難而礙進行當即多方研討
決用鋼板樁以資補救惟以是項材料滬地缺乏
未由採購乃委西門子洋行向國外訂辦自日轉運來
華歷時兼旬方能抵滬日前已有泰半到港即可
繼續加速施工在此期中進水閘工程確因待料
勢必停頓弟前或以公私要事離工亦曾觀察

字第　號第　頁　年　月　日電話：一四八號

總公司上海愛多亞路一五〇號電話一八五四九

揚子

本公司專辦廠屋鐵路橋樑涵閘及一切土木工程

實地之狀況絕不影響工程之進行而精神固無時

揚子公司大生電廠工程處

主任工程師

图为天生港电厂建设单位扬子公司大生电厂工程处 1933 年 1 月账目，原件藏于南通市档案馆。

1933年6月，购置的锅炉机件、输电线路器材陆续到厂。8月开始安装，锅炉安装由上海大宝厂承包。图为建成后的锅炉房全景。

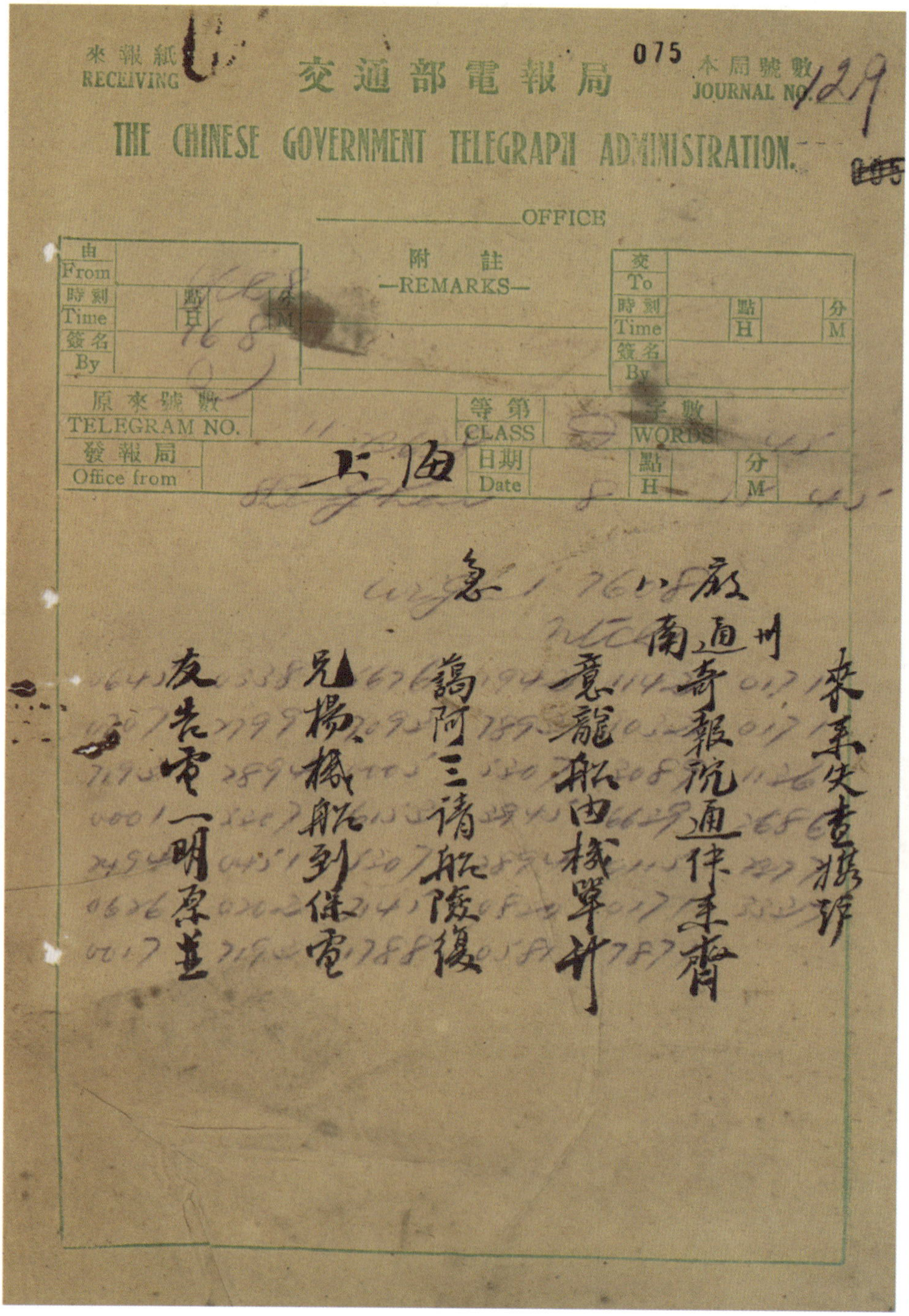

來報紙 RECEIVING 交通部電報局 075 本局號數 JOURNAL NO. 129

THE CHINESE GOVERNMENT TELEGRAPH ADMINISTRATION.

__________OFFICE

由 From 時刻 Time 點 H 分 M 簽名 By

附註 —REMARKS—

交 To 時刻 Time 點 H 分 M 簽名 By

原來號數 TELEGRAM NO. 等第 CLASS 字數 WORDS

發報局 Office from 上海 日期 Date 點 H 分 M

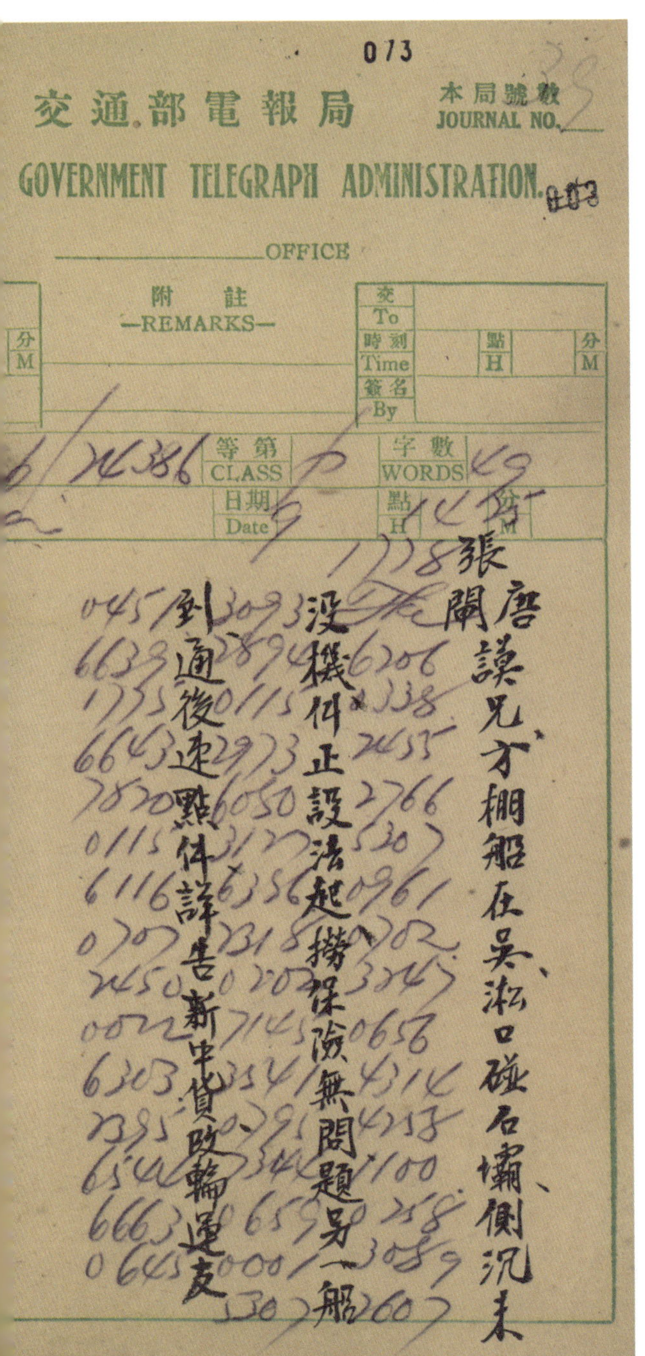
073

交通部電報局　本局號數 JOURNAL NO.

GOVERNMENT TELEGRAPH ADMINISTRATION.

OFFICE

附註 —REMARKS—

交 To　時刻 Time　點 H　分 M　簽名 By

等第 CLASS　字數 WORDS 49

日期 Date 9　點 H 14　分 M

唐閘張謨兄、才棚船在吴淞口碰石墈、側沉未没、機件正設法起撈、保險無問題、另一船到通後速點件詳告、新中貨改輪運。吏

汽轮发电机由民船运载，航行至上海吴淞口时遭遇大风，致使三船发电机设备中，有一船翻沉江底。该船被打捞上来以后，船上设备运返德国修理。图为通报该事故情况的电报。

1934年4月，返回德国修理的电机及配电板等全部运到南通，德国西门子公司派技术员康纳和一名犹太人技术员负责指挥安装调试。大生纱厂和副厂抽调优秀技工，日夜排班进行施工。图为建成后的发电室内景。

图为架设的22000伏输电线路。输电线路共长17余公里，由天生港经唐家闸至城区，再由城区延伸到江家桥的大生副厂。

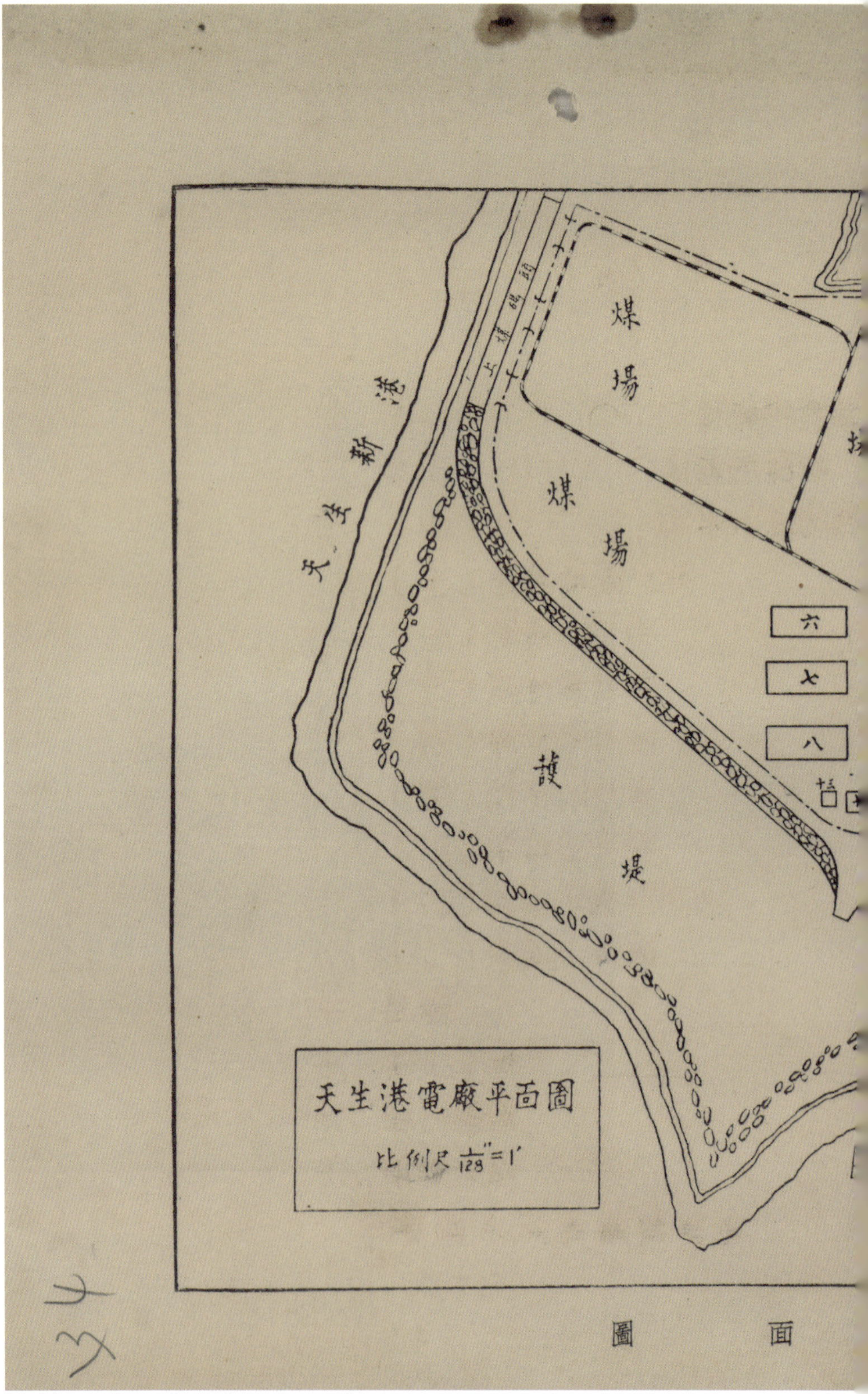

图为 1934 年天生港电厂建成后的平面图。

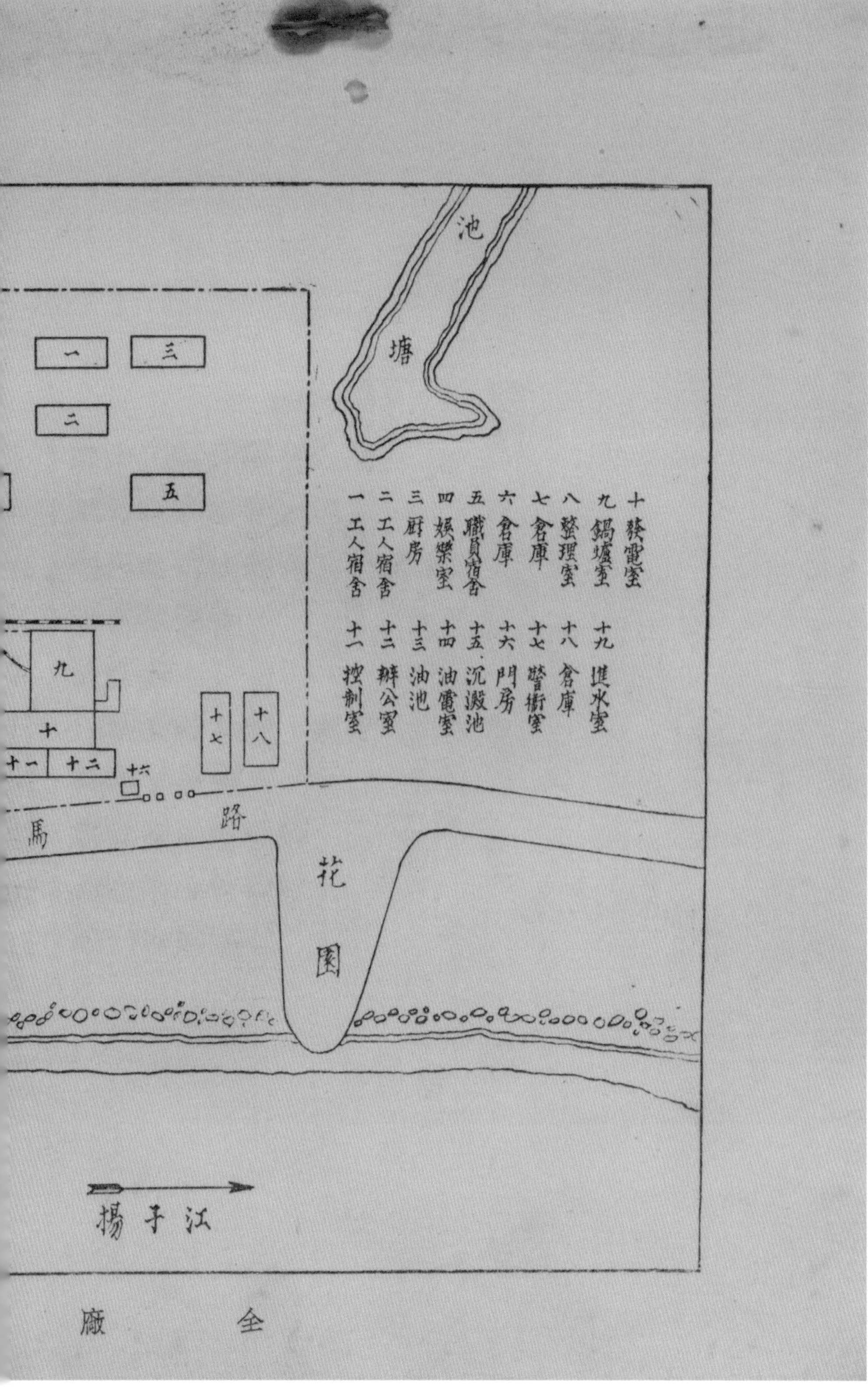
池
塘
一
三
二
五
九
十
十一
十二
十六
十七
十八
十 發電室
九 鍋爐室
八 整理室
七 倉庫
六 倉庫
五 職員宿舍
四 娛樂室
三 厨房
二 工人宿舍
一 工人宿舍
十九 進水室
十八 倉庫
十七 警衛室
十六 門房
十五 沉澱池
十四 油電室
十三 油池
十二 辦公室
十一 控制室
馬 路
花 園
揚子江
全 廠

图为1934年天生港电厂建成后的发电车间全景。

中華民國二十二年十月二十四日

建設委員會指令第一〇二八號

令江蘇建設廳

呈爲轉呈南通縣大生紡織公司天生港電廠註冊書圖祈核示由
政府補具意見書祈併案

兩呈暨附件均悉查所送該廠註冊書圖經付審查尙有應行更正聲敍補呈之件卽經本會全國電氣事業指導委員會逕函該廠依照審查單所開各點辦理呈會核奪在案茲據該廠先後遵辦並據該廳補呈南通縣政府塡具對於設立電氣事業意見書前來復經併案審查大致尙無不合自應准予註冊合行檢同蓋印之營業區域圖三份並抄錄原審查單及呈復原文各二份一併令發該廳卬各抽存一執照應俟工程完竣派員查驗後再行給發除批示外並仰知照附件存此令

附發原審查單及第三二九三號第三三二八號原呈各二份營業區域圖三份

委員長張人傑

中華民國二十二年十月二十四日

南通大生第一紡織公司天生港電廠註册書圖審查單

一、該廠名稱准予定爲「大生第一紡織公司天生港電廠」

二、支出概算書(十一)其他費用一項未將銀行押借之款利息列入是否漏塡應聲敍

三、工程計畫書所載發電及輸電電壓應遵照第一零九號批示聲敍理由

四、廠內機器排置圖未據遵送應卽補呈

五、營業區域圖未註明營業區域界綫——(紅墨水畫)又查該圖區域界綫包括通明公司之營業區域南通城區及唐家閘二處在內應將該二處以藍墨水特爲添繪顯明界綫並按照契約所載營業區域相互關係之點詳細註明以資依據至該圖現祇有一份應依照上開添註添繪者再行補呈同式四份來會以便加蓋會印存卷並分發廳縣及該廠分存用資信守

六、該廠工作物工竣後應遵照電氣事業取締規則第八條之規定將工程情形呈由地方政府轉請本會派員査驗

七、該廠應遵照修正電氣事業註册規則第十九條之規定呈繳註册費一千六百元印花稅二元來會

八、該廠工竣後應將發電所內外景及路綫情形攝取六寸照片(無須襯紙)各一張呈會備査

在施工的同时，天生港电厂积极向当时的主管部门建设委员会申请注册备案。图为1933年10月24日建设委员会下发的第一〇二八号指令，准予注册，厂名定为大生第一纺织公司天生港电厂。

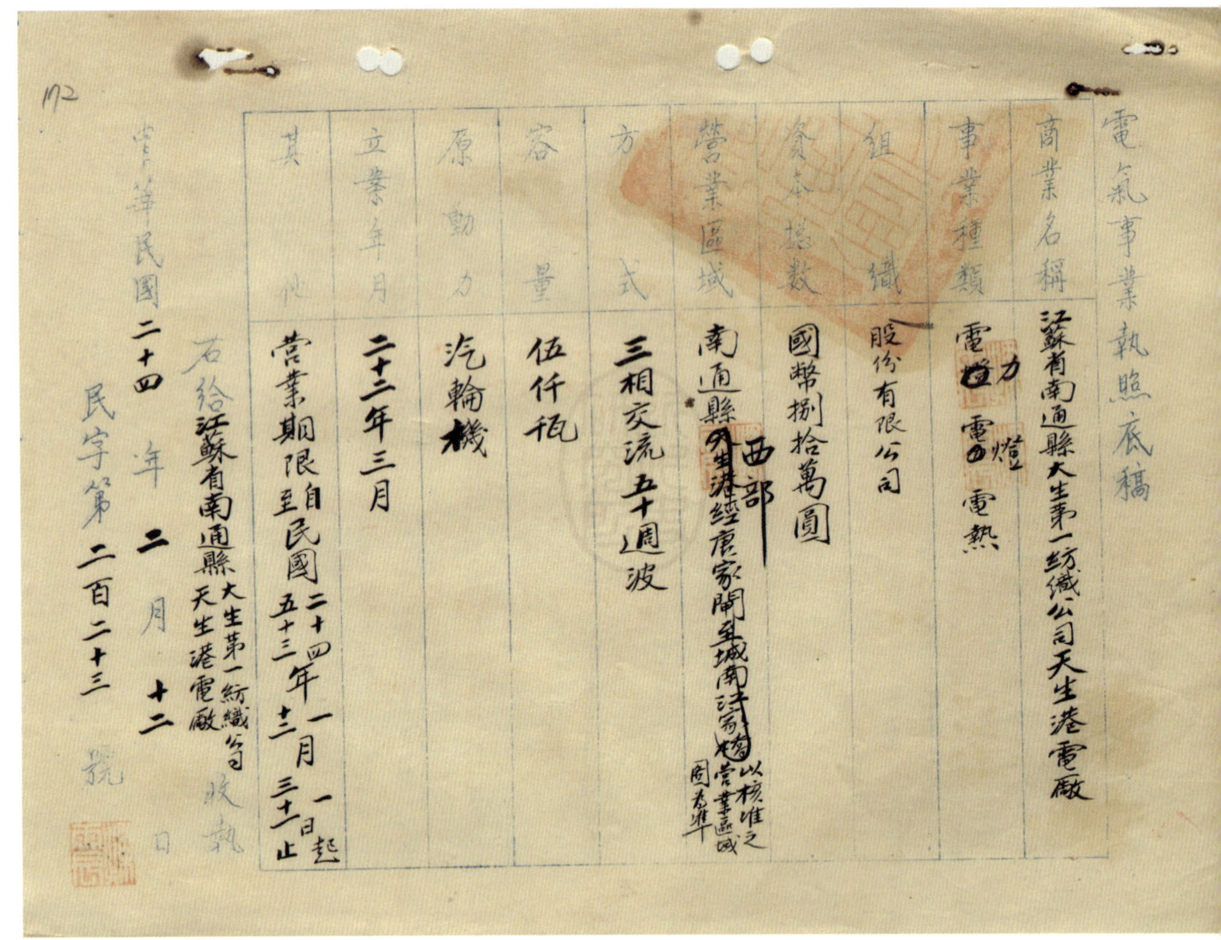

電氣事業執照底稿

商業名稱	江蘇省南通縣大生第一紡織公司天生港電廠
事業種類	電力　電燈　電熱
組織	股份有限公司
資本總數	國幣捌拾萬圓
營業區域	南通縣西部天生港經唐家閘至城南試辦以核准之營業區域圖為準
方式	三相交流五十週波
容量	伍仟瓩
原動力	汽輪機
立案年月	二十三年三月
其他	營業期限自民國二十四年一月一日起至五十三年十二月三十一日止

右給江蘇省南通縣大生第一紡織公司天生港電廠收執

中華民國二十四年二月十二日

民字第二百二十三號

天生港电厂建成后，于 1935 年 2 月 12 日获得建设委员会颁发的电气事业执照，执照上标明，其营业期限自 1935 年 1 月 1 日至 1964 年 12 月 31 日，共 30 年。图为建设委员会颁发的民字第 223 号电气执照的底稿，原件藏于台北“中研院”近代史研究所档案馆。

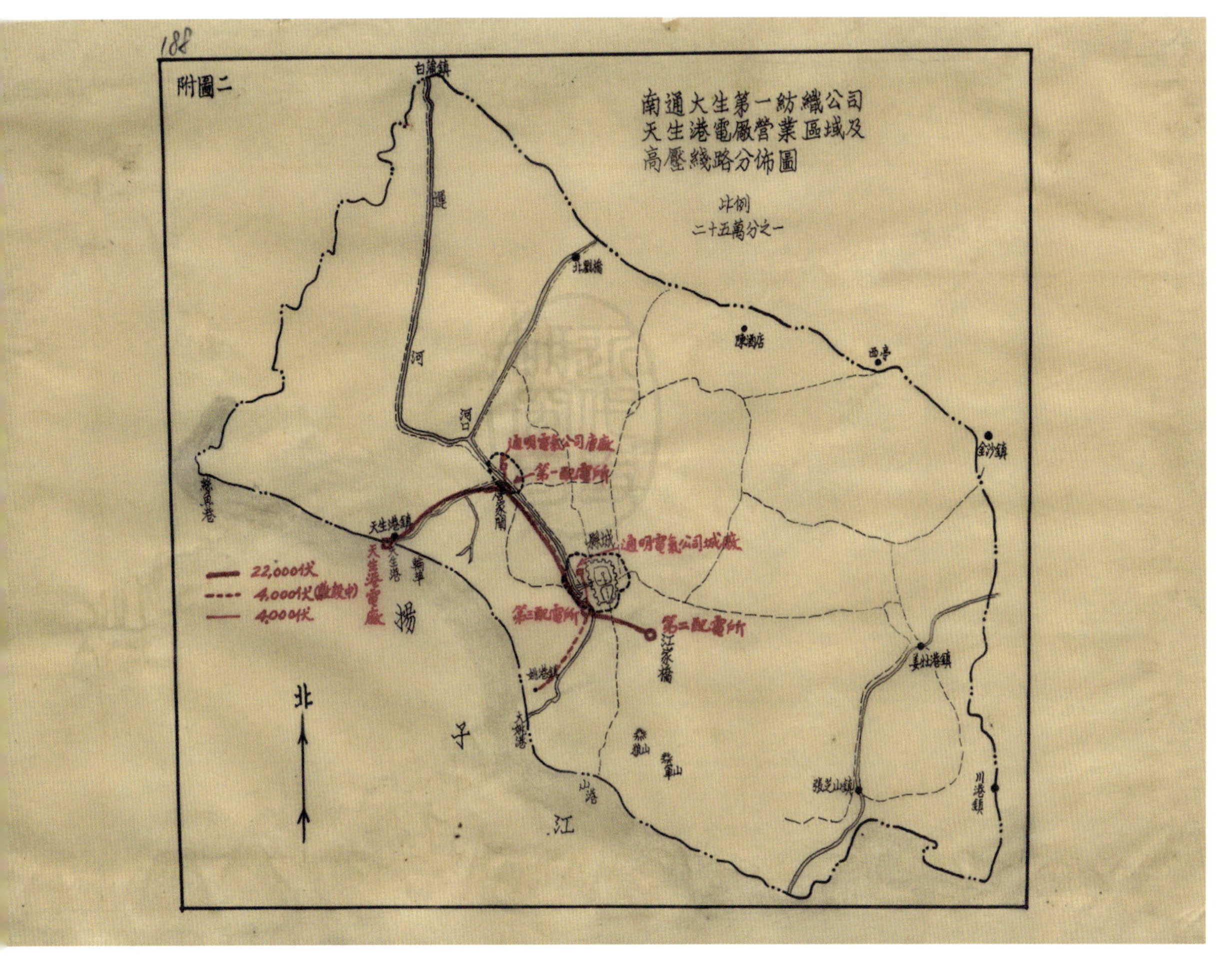

图为1934年天生港电厂营业区域及高压线路分布图，原件藏于台北“中研院”近代史研究所档案馆。

190

Tien Sung Kong Power Station

Station Performance

January

附表一　天生港電廠發電廠工作概況　二十四年一月

Description / Date	4	10	15
1. K.W.H. used in Station	0 4150	91 47XX	4848
2. K.W.H. delivered to feeder	73800	78000	81728
3. K.W.H. generated at 6600V bus-bar	78500	82791	86576
4. Percentage of generation used in station $\frac{(1)}{(3)}\times100\%$	6.05	5.79	5.59
5. Average load in KW $\frac{(3)}{24}$	3215	3470	3619
6. Peak load in KW	3400	3580	3720
7. Load factor in % $\frac{(5)}{(6)}\times100\%$	96.4	94.1	97.3
8. Station factor in % $\frac{(5)}{5000}\times100\%$	65.5	69.4	72.4
9. K.W.H. received at sub-station No.1	55730	60110	62280
10. K.W.H. received at Sub-Station No.2	17390	16960	18120
11. K.W.H. received at sub-station No.1 & 2 (9)+(10)	73120	77070	80400
12. Line loss in K.W.H. (2)-(11)	680	930	1328
13. Line loss in % $\frac{(12)}{(2)}\times100\%$	0.93	1.19	1.62
14. $K.W_L.H.$ received at sub-station No.1	45270	48180	49870
15. $K.W_L.H.$ received at sub-station No.2	11610	11390	11750
16. P.F. at sub-station No.1	77.7	77.03	78.08
17. P.F. at sub-station No.2	83.1	82.24	84.18
18. P.F. at 6600V bus-bar	75.6	75.4	75.6
19. Steam evaporated per K.W.H. to feeder in kg.	4.69	5.06	4.91
20. Steam evaporated per K.W.H. generated in kg.	4.41	4.76	4.63
21. Coal received per K.W.H. to feeder in kg.	0.671	0.862	0.74
22. Coal received per K.W.H. generated in kg.	0.631	0.81	0.698
23. Calorific value of coal as received in cal/kg	7389	5889	6639
24. Cal. per K.W.H. to feeder (21)×(23)	4958	5076	4913
25. Cal. per K.W.H. generated (22)×(23)	4662	4470	4644
26. Overall Thermal Efficiency $\frac{860}{(24)}\times100\%$	17.4	16.9	17.5
27. Remarks for kind of coal	Chung-Shing	Hwai Nan	Chung-Shing 50% Hwai-Nan 50%
Overall Thermal Efficiency $\frac{860}{(25)}\times100\%$	18.4	19.2	18.5

天生港电厂正式发电后，运营情况良好。图为《天生港电厂发电厂工作概况》（1935 年 1 月），原件藏于台北“中研院”近代史研究所档案馆。

天生第一紡織公司天生港電廠

(19) 電1-500-1-24　　配電室日錄　　民國24年 [illegible] 日

附表二

	時間	第一號發電機 電壓	電流 R	電流 S	電流 T	工率因數	工率	勵磁機 電壓	勵磁機 電流	第一號饋電線 電流 R	電流 S	電流 T	電度	第 號饋電線 電流 R	電流 S	電流 T	電度	第一號饋電線 電流 R	電流 S	電流 T	電度	低壓	室內溫度	備註	記錄者	值班者
		V	A	A	A	%	KW	V	A	A	A	A	KWH	A	A	A	KWH	A	A	A	KWH	V	°C			
一月四日 Highest Value		6610	420	405	402	77.8	3400	59.5	225	395	395	380						22.6	21.0	22.3		402		Mean Value係		
Mean Value		6580	396	392	390	75.6	3275	57.0	220	375	371	368						21.5	20.5	22.0		401.5		每間半小時所得		
Lowest Value		6540	365	360	358	75	3000	54.5	210	335	338	325						21.0	20.0	20.8		400		記錄之和而除		
一月十日 Highest Value		6620	439	428	435	76	3580	63.0	237	410	420	408						22.7	21.7	22.5		403		以記錄之次數		
Mean Value		6580	422	418	416	75.4	3470	60.0	230	398	395	392						22	20.5	22.0		402				
Lowest Value		6550	395	398	385	74	3250	57.0	216	370	367	368						21.0	20.1	21.1		400				
一月十一日 Highest Value		6620	444	439	433	76.5	3720	63.0	240	420	418	410						22.7	21.0	22.7		403				
Mean Value		6600	434	429	426	75.4	3619	61.0	232	410	408	405						21.5	20.5	22.0		402				
Lowest Value		6560	402	396	400	75.0	3280	57.0	220	377	375	380						21.2	20.2	20.0		401				

图为《天生港电厂配电室日录》（1935年1月），原件藏于台北“中研院”近代史研究所档案馆。

天生第一紡織公司天生港電廠

192 電 3-500-1-24

鍋爐室日錄

民國 年 月 日

附表三

時間	煤厚 左床 (in)	煤厚 右床 (in)	蒸汽 壓力 (lb/in²)	蒸汽 温度 (°F)	蒸汽 汽量	儉煤器 壓力 (lb/in²)	儉煤器 進水温度 (°F)	儉煤器 出水温度 (°F)	二氧化炭 (%)	烟道温度 (°C)	送風機 壓力 (mm)	送風機 馬達電流 (Amps)	吸風機 吸力 (mm)	吸風機 馬達電流 (Amps)	室内温度 (°C)	備註	記錄者	值班者
一月四日 highest value	4	4	410	770		412	76	283		155	8	30.2	20	89		Feed water heating plant		
mean value	4	4	401	752		404	75.5	276		153	7.5	30	19	88		因尚未使用，故給水進水		
lowest value	4	4	395	750		396	75	269		152	6.5	29	18	86.5		温度甚低		
																Mean value 係每半小時間		
																記錄所得之和再以記錄之次		
																數除之		
一月十日 highest value	4¼	4¼	409	768		410	180	329		178	12.5	30.3	21	90				
mean value	4¼	4¼	405	755		406	179	325		177	11	30	19	88				
lowest value	4⅛	4⅛	397	748		399	172	275		175	9.8	29	18.5	86				
一月十五日 highest value	4	4	412	765		414	180	330		182	11	30.5	21	89.5				
mean value	3⅞	3⅞	402	760		404	179	325		179	10	29.5	20	88				
lowest value	3 7/16	3 7/16	400	745		402	175	322		178	9.5	29	19.8	87.5				

图为《天生港电厂锅炉室日录》（1935年1月），原件藏于台北“中研院”近代史研究所档案馆。

天生第一紡織公司天生港電廠

193　電 2-500-1-24　　發電室日錄　　民國　年　月　日

附表四

時間	第　號透平															發電機										室內溫度	備註	記錄者	值班者
	轉數	蒸汽			初級壓力	真空	油壓力			油溫度		軸承溫度				通風溫度			線圈溫度										
		壓力	溫度	汽量			冷油器	調速機	螺旋輪	進軸承	出軸承	第一	第二	第三	第四	進風 I	進風 II	出風	第一	第二	第三	第四	第五	第六					
	R.P.M.	kg/cm²	°C	Tons/hr	m/m or kg/cm²	m/m	kg/cm²	kg/cm²	kg/cm²	°C	°C	°C	°C	°C	°C	°C	°C	°C	°C	°C	°C	°C	°C	°C	°C				
一月四日 Highest value	3000	28.2	404	15.2	2.25	756	1.2	6.0	0.2	25	33	33	43	40½	34½	18	17	39½	57	57	56	54	54	54	18			
Mean value	3000	27.4	400	14.4	2.075	756	1.2	5.92	0.2	25	33	33	43	40¾	34¾	17¾	16¾	38¾	56	56	55	53	53	53	17½			
Lowest value	3000	27.1	392	13.5	1.9	756	1.2	5.9	0.2	25	33	33	43	41	35	17½	16½	38	55	55	54½	52	52	52	17			
一月十日 Highest value	3000	28.2	402	17.2	2.45	755	1.4	6.	0.2	28	36	36	45	43	36	17½	16½	40	57	57	56	54	54	54	23			
Mean value	3000	27.5	400	16.4	2.2	755	1.3	5.9	0.2	26	34	34	44	42	35	16	15	38	55	55	54¾	52.5	52.5	52.5	19			
Lowest value	3000	27.1	392	15	2.0	755	1.2	5.8	0.2	24	32	32	42	40	34	14	13	36	54	54	53½	51	51	51	15½			
一月十五日 Highest value	3000	28.3	404	17.7	2.8	755	1.2	5.9	0.2	28	36	36	45	43	36	15½	14½	39	57	57	57	55	55	55	21			
Mean value	3000	27.5	401	17	2.4	755	1.2	5.9	0.2	28	35.5	35	44.5	42.5	35	14	13	37	54	54	54	52	52	52	18			
Lowest value	3000	27.3	391	15.3	2.0	755	1.2	5.9	0.2	28	35	35	44	42	35	12	11	35	53	52	52	51	50	50	15			

图为《天生港电厂发电室日录》（1935年1月），原件藏于台北“中研院”近代史研究所档案馆。

天生第一紡織公司天生港電廠

附表五　　電 4-500-1-24　　凝汽室日錄　　民國2 年　月　日

日期	時間	第號凝汽器 激冷水 進溫度 °C	第號凝汽器 激冷水 出溫度 °C	第號凝汽器 凝汽泵 壓力 kg/cm²	第號凝汽器 凝汽泵 溫度 °C	第號凝汽器 凝汽泵 水量 Tons/hr	第號凝汽器 凝汽泵 馬達電流 Amp	第號真空器 蒸汽壓力 1 kg/cm²	第號真空器 蒸汽壓力 2 kg/cm²	第號真空器 出水溫度 °C	蒸溜器 進水溫度 °C	蒸溜器 進汽 壓力 kg/cm²	蒸溜器 進汽 溫度 °C	蒸溜器 進汽 回水溫度 °C	蒸溜器 出汽 壓力 kg/cm²	蒸溜器 出汽 溫度 °C	熱水箱 調節鍵壓力 kg/cm²	熱水箱 加汽壓力 kg/cm²	熱水箱 壓力或真空 kg/cm² or m/m	熱水箱 出水溫度 °C	鍋爐給水泵 汽動 進汽壓力 lb/in²	鍋爐給水泵 汽動 出水壓力 lb/in²	鍋爐給水泵 電動 進水壓力 lb/in²	鍋爐給水泵 電動 出水壓力 lb/in²	鍋爐給水泵 電動 馬達電流 Amp	濾水器水壓力 lb/in²	室内溫度 °C	備註	記錄者	值班者
一月四日 Highest	Value	7.5	14	0.95	14	15.0	21	11.7	11.4	29					9/m								10	575	64	27		蒸溜器未		
一月四日 Mean	Value	7	13	0.95	13	14.4	21	11.4	11.2	28													10	570	63	23.5		用		
一月四日 Lowest	Value	7	13	0.95	13	13.3	21	10.8	10.4	26													10	564	62	23.5				
一月十日 Highest	Value	9	16.5	0.55	15.5	16.1	18.2	11.5	11.3	30	86	0.8	240	105	218	86	1.55	0.2	400	85			3.5	554	67	27				
一月十日 Mean	Value	8	14	0.5	14	14.9	18	11.	10.9	29	84	0.35	224	102	224	84	1.5	0.1	400	84			3.	554	65	23.5				
一月十日 Lowest	Value	7½	13½	0.5	13½	13.9	18	10.9	10.7	28	84	0.3	214	99	300	84	1.5	0.0	400	84			3	540	63	23.5				
一月十五日 Highest	Value	7	13½	0.54	13½	16.9	18.2	11.5	11.3	27	85	0.5	226	105	240	85	1.5	0.2	400	85			3	550	67	27				
一月十五日 Mean	Value	5	11½	0.5	11½	16.	18	11	10.8	26	84	0.4	222	102	240	84	1.5	0.1	400	84			3	550	65	23.5				
一月十五日 Lowest	Value	3½	10½	0.5	10½	14.2	18	11	10.8	24	84	0.3	220	101	210	84	1.5	0.0	400	84			3	545	64	23.5				

图为《天生港电厂凝汽室日录》（1935年1月），原件藏于台北“中研院”近代史研究所档案馆。

天生第一紡織公司天生港電廠

195 電 5-500-1-24 抽水室日錄 民國 年 月 日

附表六

時間		第一號水泵 出水壓力 kg/cm²	第一號水泵 溫度 °C	第一號水泵 馬達電流 Amps	第二號水泵 出水壓力 kg/cm²	第二號水泵 溫度 °C	第二號水泵 馬達電流 Amps	室内溫度 °C	室外水位 M	備註	記錄者	值班者
一月四日	Highest Value	0.08	7½°	100a					3.30			
	Mean Value	0.05	7.0°	98a					2.40			
	Lowest Value	85%m	7½°	97a					0.97			
一月十日	Highest Value				0.20	9°	99a		2.90			
	Mean Value				0.10	8°	95a		1.98			
	Lowest Value				0.01	7½°	93a		1.07			
一月十五日	Highest Value				0.18	7°	98a		2.65			
	Mean Value				0.10	6°	96a		2.17			
	Lowest Value				0.03	5°	95a		1.12			

图为《天生港电厂抽水室日录》（1935 年 1 月），原件藏于台北“中研院”近代史研究所档案馆。

后记

《南通天生港电厂里张謇足迹》是《张謇与天生港电厂》的姊妹篇。2021年底《张謇与天生港电厂》的出版，填补了天生港电厂创建阶段的史料空白。张謇在天生港创办的主要企业，如大达轮步公司、天生港电厂、通燧火柴公司，以及江海关在南通的分关其原址目前均位于现天生港电厂（南通天生港发电有限公司）内。天生港是张謇“一城三镇”事业的重要组成部分，是研究张謇企业家精神的重要切入点，但囿于史料零散，相关研究成果寥寥无几，这一状况与其重要历史地位和价值不符。鉴于此，天生港电厂萌发了搜集与张謇相关的天生港几家企业的史料并公开出版的想法。

2022年伊始，这项工作正式启动。2022年2月7日，编辑人员经充分酝酿后，召开集体会议，确定《南通天生港电厂里张謇足迹》一书的定位为档案史料图文书。编辑人员在查阅、梳理大达轮步公司、江海关分关、天生港电厂、通燧火柴公司创建时期档案资料的基础上，对重要档案进行原文影印并附以说明；为方便读者阅读和理解，每个单元的开篇对该单元的内容进行总体介绍。

由于存世档案原件不多，档案收集工作十分困难。在天生港电厂所藏档案基础上，编辑人员克服2022年全年多轮疫情的干扰，先后得到南通市档案馆、中国第一历史档案馆、台北“中研院”近代史研究所档案馆、南通市图书馆等机构的支持，获得了宝贵的线索和资料。特别感谢国家图书馆出版社编辑孟颖佼，于疫情防控期间帮助我们奔走查阅。

编辑人员完成初步编纂工作后，于2022年8月1日、2022年10月31日、2023年4月19日，制作了多版《南通天生港电厂里张謇足迹》工作本。2022年9月1日和2023年4月10日，在天生港电厂召开了两次编辑研讨会，两次会议全面梳理全书结构，并提出修改意见，推动了本书的顺利出版。

继《张謇与天生港电厂》后，《南通天生港电厂里张謇足迹》的出版依然得到国家图书馆出版社的支持。2022年4月18日，双方签订出版合同，编辑工作十分顺利。

《南通天生港电厂里张謇足迹》的编纂过程，特别是资料收集过程，得到了众多人士的关心和支持，在此致以诚挚的谢意。朱慧、胡磊、陶莹、陈佳怡、赵毅菲、王俊荣等对本书的出版颇有贡献，在此一并感谢。

由于编辑时间仓促，本书难免存在不足之处，敬请广大读者给予理解和指正。

编者

2023年5月6日